요가
에세이

요가 에세이

요가 철학에서 실천 요가까지 요가의 모든 것

이숙인 씀

나무를 심는 사람들

나는 한 주일에 세 번, 집 근처에 있는 요가원에 간다. 아름다운 음악이 흐르는 단정한 공간에서 하얀 옷을 입은 요기들이 숨을 조절하며 천천히 흐르는 움직임을 타다 보면 언제 그 번잡한 세상에 몸을 담았었나 싶다. 요즘 선호 직장 1위가 요가 선생이란다. 벌이가 신통치 않아도 요가 선생이 되는 로망을 품는 이유는 몸매를 아름답게 하고 싶어서가 아니라 서로를 내려놓은 이들이 만들어 내는 기운 속에서 잠시나마 머물 수 있다는 점 때문일 것이다.

이번 학기 문화기획실습 수업시간에 한 학생이 지금 자신이 가장 원하는 것은 "내 행위의 이유를 스스로가 납득할 수 있는 시간"이라고 써서 학생들의 공감을 자아냈다. 숨을 제대로 쉬면서 살고자 하는 욕구는 그간 대한민국이라는 '고도 압축적 변화'의 소용돌이에 휘말려 살았던 국민 모두가 갖고 있는 욕구가 아니겠는가? 최근 〈효리네 민박〉 티브이 프로그램이 가져다주는 그 큰 위로도 이런 우리의 현실을 설명해 준다. 무슨 연유인지는 잘 모르겠지만 요즘 부쩍 요가원에 남자들도 오기 시작했는데 참으로 고무적인 현상이다. 그들의 몸이 꽤 유연하게 움직이는 걸 보면서 '남자는 무릎 꿇는 것도 잘 안 되는 몸'이라는 것도 편견인가 싶다. (물론 통계적 차이는 있을 것이다.)

이 책의 저자 시원을 만난 것은 1998년, 그러니까 근 이십 년 전이다. 꽤 괜찮은 고등학교에서 선생님을 하던 그는 학교가 더 이상 학생들을 성장시키지 못한다는 생각에 학교를 떠났다. 막 실천문학사에서 『학교는 다 다dada』라는 장편소설을 낸 즈음이었다. 오래된 인연인 듯 느껴지는 그에게 나는 하자센터에 있는 작업장 학교에서 학생들과 만날 의향이 있는지 물었고 그는 기꺼이 오겠다고 해서 하자센터와 인연을 맺었다.

학교를 거부하고 나온 다양한 10대 청소년들을 치열하게 만나던 그는 3년 반 후에 하자를 떠났다. 요리에 관심이 생겨서 지인들과 신촌에 작은 레스토랑을 내기도 했다. 그즈음 그는 요가를 '본격적으로' 시작했고 2010년 불쑥 성미산 근처에 1인 운영 요가 스튜디오를 열었다. 탐구력이 대단한 그는 단순히 요가만 하는 것이 아니라 현대 요가와 '오래된 요가'를 비교하면서 연구 작업을 시작했다. 그리고 서서히 공동의 삶을 담아내는 그릇으로서의 요가를 만들고 있다. 철학이자 명상이자 춤이자 상호 돌봄과 호혜의 의례인 요가를 말이다.

유토피아를 만들어 만인을 행복하게 해 줄 듯 난리를 치던 '근대'라는 한 시대가 저물고 있다. 이 전환의 시대가 풍기는 암울한 에너지에 빠져들면 헤어나기 힘들다. 그렇게 허우적거릴 때 나는 제대로 숨 고르기를 가르쳐 주는 그의 스튜디오로 간다. 물질계와 내면의 세계가 연결되어 있고 삶과 죽음이 연결되어 있음을 느끼게 하는, 시간이 천천히 흐르는 그 마법의 장소 말이다.

울리히 벡은 지금 시대를 위험이 체계적으로 생산되는 '위험사회'라고 불렀다. 그리고 이 파국의 시대를 어떻게 해방적 파국으로 만들어 갈지 탐구하고 있다. 기존의 기운과는 다른 기운을 불러들이고 다른 방법의 삶을 찾아야 한다. 시원과 같은 탐구자, 수행자, 마법사 들이 많아져야 하는 것이다. 그래서 나는 시원과 같은 수행자들이 늘어나기를, 시원이 만든 것과 같은 스튜디오가 동네 곳곳에 만들어지기를 바라고 있다. 그런 시공간에서 새로운 기운을 만들어 낼 때 어느덧 세상은 변해 있을지도 모른다. 그런 것을 '개벽'이라고 부르던가? 좀 다른 시간 속에서 쓰인 듯한 이 책 또한 마술의 힘을 지닐 것이라 기대하며 일독을 권한다.

2017년 9월 26일 서울에서
조한혜정
_ 시원의 오래된 인연, 문화인류학자, 연세대 명예교수, 30년 경력 초보 요기

무엇이 진짜로 존재하는 세계인가?

요가를 하러 오는 분들이 겸연쩍게 웃으며 가장 많이 말씀하시는 게 뭘까요?

"제가 너무 뻣뻣해서요."

"살을 좀 빼고 싶어요."

"요가하는 사람들, 참 예뻐요. 젊어 보이고요."

"여기저기 몸이 결리고 땅기는데요."

그렇습니다. 요가 하면 대개 몸과 관련된 활동이나 취미 생활, 증상 회복을 위한 수단으로 알려져 있습니다. 저 또한 그랬습니다. 요가를 통해 아팠던 몸이 퍽 나아졌으니 요가를 조금 독특한 신체 활동으로 여겼던 건 어쩌면 당연한 일이었습니다. 요가를 기예에 가까운 몸만들기라고 백안시했던 점도 다른 이들과 별 다를 바 없었습니다. 게다가 '카스트제도가 시퍼렇게 살아 있는 고대 인도에서 탄생한'이라는 수식어 앞에선 늘 만감이 교차하기도 했죠.

지금도 저의 요가 학교에 찾아오는 분들 가운데는 바로 그런 이유로 요가를 하는 데에 다소 용기가 필요했었다는 분들이 많이 계십니다.

"사실 제가 몸치에 가깝거든요."

이런 분들에게 저는 "용기를 내세요. 요가는 운동신경에 좌우되는 것이 아닙니다. 꾸준한 인내와 성실함이 더 중요합니다. 그것이 '요가=에너지 조절법'의 핵심이기도 하고요."라고 답해 드립니다.

"요가하고 명상은 어떻게 달라요? 전 그냥 명상만 하면 좋겠는데…"

그런 분들에겐 '명상하는 몸'을 위한 사전 작업이 여러분들이 많이 알고 있는 '몸으로 하는 요가'의 본래 모습이자 시작이었다고 답해 드립니다.

이처럼 많은 이들이 일단 요가라면 부드러운 몸, 날렵한 몸, 보기 좋은 몸을 만드는 하나의 육체적 방법론이라고만 여깁니다. 반면 명상은 꼼짝 않고 앉아 머무는 몸, 즉 응시와 부동의 몸이라 생각합니다. 이처럼 두 가지 극단적인 몸의 형태를 요가와 명상의 주요 이미지로 바라보는 게 일반적인 세상의 시선일 것입니다. 아예 둘을 분리하여 따로따로 이해하고 적용하는 경우가 대부분이니까요. 요가의 이름과 종류가 그렇게나 많은 이유입니다.

그런데 지금 저는 시작은 몸으로 하였으나 '요가' 하면 누구나 예상하는 신체 조형, 즉 '몸' 만들기와는 다소 거리가 먼 요가 선생이 되었습니다. 신기한 일입니다. 물론 요가 동작, 즉 아사나(Asana, 고요히 머무는 자세, 균형 잡힌 삶의 태도가 본래의 의미)는 여전히 저와 가까운 일상입니다. 이런

저런 동작 연구에 정기적인 수업, 개인 훈련도 하고 사람들에게 자세를 더 정확히 전하는 일도 열심히 하고 있습니다. 하지만 이제 요가는 곧 몸을 쓰는 것, 명상과 요가는 아주 다른 것이라는 생각에서는 정말이지 많이 멀어졌습니다. 앞으로 이 책에서 그런 이야기를 좀 해 볼까 합니다.

◆　◆　◆

"한 사람은 곧 모든 사람들이며, 따라서 작가, 번역가, 그리고 독자는 궁극적으로 같은 사람이다." — 보르헤스

며칠 전 읽은 작가 보르헤스의 말입니다. 저는 위 구절을 요가의 가르침에 두루 적용할 수 있다면 참 좋겠단 생각이 들었습니다.

"하나의 요가는 곧 모든 종류의 요가이며, 따라서 몸의 요가, 마음의 요가, 영혼의 요가는 궁극적으로 모두 같은 요가이다."

보르헤스는 또한 우리들 인간이 "'내'가 아니라 다른 사람에 의해 꿈꾸어진 삶을 사는 존재"라고도 말했죠. 그렇다면, 저는 이렇게 말하고 싶어요. 아주 가끔 나와 우리가 함께 꾼 무한에 가까운 꿈의 변주곡들이 잠시 옆으로 비껴가는 순간이 있다고. 아니, 아예 홀연히 모든 꿈들이 사라져 버리는 한 찰나도 어쩌면 있을 수 있다고 말입니다. 누구나 언젠가는 경험하게 될, 익숙한 기억과 상상을 넘어선 어떤 한 순간과 벼락처럼 조우하는 지점 말입니다. 요가에선 이를 초의식, 즉 초월의식의 체험이라고

표현하지요. 그건 어쩌면 모든 사람이 예외 없이 한 생에서 한 번은 반드시 넘어야 할 육체적 죽음의 문지방에서 맞닥뜨리는 어느 한 순간, 찰나의 의식과 유사할 것입니다. 결국 요가의 주요 대상은 현상이 아닌 의식, 물질이 아닌 정신, 세속이 아닌 그 모두를 포함한 어떤 전체적 세계니까요. 요가는 이를 일러 '범우주적 차원의 의식'이라고 불렀습니다.

"마치 벼락을 맞은 듯하다", "거대한 빛 속에 서 있었다", "나 스스로 빛의 기둥이자, 통로가 되었다", "그 순간 모든 것을 절로 알게 되었다!" 더 나아가, "무엇이 진짜로 존재하는 세계인가?"

이런 경구들은 지난한 순례의 여정 끝에 요가 명상의 한 정점, 즉 삼매(Samadhi)를 통해 위대한 천신(天神)급 스승들인 마하구루(위대한 요가 스승)를 접속한 이들의 체험담에서 숱하게 등장하곤 하는 구절들입니다. 오래된 요가 수행서에서 자주 등장하는 어떤 일화, 요즘 세상에선 그저 신화 속 기담으로 간주되고 있는 청천벽력과도 같은 어느 한 순간 말입니다.

사실 제가 훈련하는 여러 가지 다양한 요가는 바로 그런 순간에 만난 '경이로움의 시리즈'들과 좀 더 관계가 깊습니다. 아이러니하게도 일거에 사라진 그 꿈의 기억을 찬찬히 복원하는 데엔 타자의 꿈들이 두런두런 소환되어야 합니다. 세상의 크고 작은 기록은 위대하든 형편없든 바로 그런 꿈의 매개자가 아닐까 싶습니다. 사라져 버린 꿈, 애써 복원하려는 꿈, 그 사이 어떤 날카로운 접점과도 같은 빛나는 어떤 것. 저는 지금 그 예리한 지점을 비교적 잘 담아 소리내길 발원하며 이 글을 쓰고 있습니다.

"난 그저 구부러진 무릎 좀 펴서 파드마 아사나(결가부좌, 연꽃 자세)나 편히 하려던 것이었는데…."

지금 이곳의 안녕을 위한 소박한 바람에서 출발하여, 서서히 피어나듯 깨어나 아득한 깨달음의 세계를 동경하고, 마침내 한 생의 목표로 삼기까지 요가는 저에게, 그리고 그동안 이 길에서 함께했던 수많은 요가의 친구들에게 과연 어떻게 다가왔고 또 나날이 더욱 깊어지고 있는 걸까요?

◆ ◆ ◆

흥미롭게도 태곳적 인류의 역사와 고대의 요가가 발전해 온 역사, 그리고 한 개인의 성장발달사는 매우 흡사한 성장 발달과 성숙의 지형을 지니고 있다고 합니다. '나'라는 한 개인이 어머니의 태중에 맺어져 지금의 제가 될 때까지 일정한 신체, 심리, 사회적 개인사를 거쳤듯, 인류 역시 그러했고, 요가의 역사 역시 그렇다는 말입니다.

중고등학교 때 저는 과학 시간을 무척 좋아했습니다. 시와 소설과 음악과 그림을 좋아했지만, 실은 물리와 생물 시간을 더 재밌어했습니다. 그때 들은 말 두 가지가 위에서 말씀드린 요가의 발달사를 이해하는 데에 무척 요긴합니다.

물리 시간, "부분은 전체를 반영하며, 극소의 세계 안에는 극대의 우주가 다 들어 있단다. 극과 극은 통하고 있어, 언제나…." 그리고 생물 시간, "'생물의 개체발생은 계통발생을 되풀이한다.' 독일의 생물학자 에른스트

헥켈의 주장이다. 작은 개체는 더 큰 개체의 발달 과정을 동일하게 반복한단다. 이게 무슨 말이냐면, 인간이 엄마의 자궁 안에서 수정 후 자라 나가는 과정은 물고기나 개구리, 파충류의 외양을 차례차례 거친다는 거야. 광물에서 시작하여 오늘날 인간이 되었다는 주장 또한 이와 다르지 않고…."

십대 중반이었던 제겐 커다란 충격의 말들이었고 살면서 내내 이 의문은 쉬 풀리지 않았습니다. 그런데 이제 잠정적으로 저는 그 답을 요가에서 얻게 되었습니다.

"인류가 나무에서 내려와 지금의 초 절정 물질문명을 이루기까지, 한 아이가 태어나 사람 꼴을 갖추고 생로병사를 겪는 한생에까지, 신체로 시작한 요가가 마침내 한 생 한 생의 성숙과 완성을 추구하는 영혼의 길, 나아가 영원한 해방과 자유의 길로 이어지기까지."

그 유사함과 반복의 과정마다에는 과연 무엇이 기다리고 있을까요? '요가=합일'이라는 말의 의미는 과연 무엇일까요?

석학 엘리아데의 말처럼 '인도가 인류에게 준 커다란 선물, 요가'가 오늘, 지금, 우리에게까지 줄기차게 전해지고 있는 이유는 과연 무엇일까요? 그리고, 우리는 그 길을 어떻게 걸어가야 할까요? 아니, 오늘날에도 '요가가 곧 합일의 길'이라는 것이 과연 가능하기는 할까요? 그토록 고귀한 정신적 가치들이 부박한 물질에 짓눌려 즉사 일보 직전인 암흑의 시기에서도요?

인류의 위대한 스승들은 우리나라엔 아직 정식으로 소개조차 되지 않은 책, 『비밀의 경전』(신지학자 H. P. 블라바츠키의 대표작. 가까운 제자들에게 전해져 내려왔고, 제목은 존귀한 가르침을 잘 보호해야 한다는 의미로 붙여졌다.)에서 이와 같이 말씀하셨습니다.

"이런 상태가 지속될 것이다. … 우리가 물질계에서 오는 충동을 좇는 대신에 내면으로부터 행동하기 시작할 때까지 … 그때까지 삶의 악들에 대한 유일하고도 일시적인 처방은 합일과 조화이다. … 단순히 이름뿐인 이타주의가 아니라 실질적인 형제애의 길."

갈라진 틈을 메우려는 모든 노력, 이것이 요가의 현대적 의미 아닐까요? 자, 그럼, 미미하나마 저의 작은 요가 이야기, 지금부터 시작해 보겠습니다.

요가란 무엇인가?

1부는 요가의 역사와 정의에 대한 내용입니다. 현대 요가는 우리가 요가라고 익히 아는 대부분의 요가입니다. 이에 대비하여 고전 요가의 세계로 독자 여러분을 초대하려 합니다. 이 지점부터 요가는 지상에 한정된 역사의 지평을 과감히 벗어나 초역사적 시공을 유영하게 됩니다.

우리가 아는 요가는
요가가 아니다?

요가의 정신은 한마디로 영원한 '역리',
역설의 세계로 각자가 몸소 들어가는 것입니다.

'요가란 무엇인가?'라는 질문 앞에 서면 저는 늘 수만 개의 퍼즐조각 앞에 앉은 아이의 마음이 됩니다. 숨이 턱 막히면서도 은근 짜릿한 기분이랄까요? 아마 요가의 라가(Raga, 뭔가에 홀연히 매혹되어 발생하는 요가의 다섯 가지 번뇌 중 하나로 애착을 말한다.)에 한창 빠져 있나 봅니다. 생애 중반기, 요가를 만난 지 십수 년이 훌쩍 넘어가는 중입니다만, 지금도 여전히 그렇습니다. 요가에 계속 끌리면서도, 요가를 너무나 좋아하면서도, 여전히 불가지의 수수께끼와 같은 것, 영원한 이니그마…. 제겐 그것이 바로 요가입니다.

인도란 나라가 그렇답니다. 처음 가서 한 1년 살아 보면 다 알 것만 같은데 5년쯤 살게 되면 도리어 더 모르겠고, 해가 갈수록 인도라는 나라에 대해 묘연해지기만 하는…. 그러다 한 30년쯤 살게 되면 비로소 이런 말을 한답니다.

"아, 글렀어. 이제 난 인도를 완전히 모르겠어! 그냥 포기했어!"

요가를 좋아해 무작정 따라갔습니다. 헤어날 수 없는 요가의 라가에 깊이 빠지다 보니 퍼즐 맞추는 아이의 마음이 되어 버렸습니다. 그렇지 않고선 도무지 요가를 계속할 수도, 끝내 이해할 수도 없을 것 같습니다. 그런 제가 이런 글을 쓰게 되다니, 그야말로 어쩌다 큰 시험에 든 것만 같습니다. 다만 이렇듯 용기를 내게 된 것은, 아마 이런 문장을 세상에 외치고 싶어서일지 모릅니다.

"우리가 아는 모든 요가는 대부분 요가가 아니다!"
"요가에서 벗어나야 비로소 요가가 보인다."

게다가 요가는 인도와 달라서 포기마저 어렵습니다. 들어가는 입구는 있는데 출구는 도무지 보이지 않는다고 할까요? 더 나아가 제 경우, 인간이 꿈꾸는 모든 자유와 행복의 궁극은 오직 요가 안에서만 가능하다는 믿음까지 덜컥 생겨 버렸습니다. 출구 자체를 스스로 봉쇄해 버린 셈이죠. 하지만 여전히 수만 조각 퍼즐과도 같은 요가, 반면에 심장 깊숙이 각인

되어 버린 밑도 끝도 없는 이 확신, 대체 어디서 비롯된 것일까요? 요가는 정말 무엇일까요?

"기꺼운 포기"
"알아서 하는 헌신"
"자유로운 내맡김"

요가의 정신은 한마디로 영원한 '역리', 역설의 세계로 각자가 몸소, 직접 들어가는 것입니다. 대부분 '세상과는 거꾸로'의 법칙이 지배하고 있습니다. 요가는 그러므로 역설의 절정, 뒤집어진 사방연속무늬 벽지, 영원한 환상과 모험 속 거울 나라이기도 하죠. 요가의 거울에 비치면 모든 것은 정반대로 뒤집혀집니다. 좌우만이 아니라 상하조차도.

해부학 책들에서는 인체를 나무에 비유하곤 합니다. 사는 데 필요한 양분을 하늘로부터 흡수하는 인체, 특히 앉아서 명상하고 호흡하는 자세에는 그런 의미가 듬뿍 들어 있어요. 정수리를 통해 에너지가 인체로 유입된다는 가설입니다. 거꾸로 선 나무를 상상해 봅니다. 전신에 고루 하늘의 양분을 공급하고자 물구나무 자세를 요가에서는 적극 권장합니다. 발바닥으로부터도 태양과 별들에서 쏟아지는 에너지를 흡수하기 위함이죠. 상징적으로는 존재의 뿌리를 하늘로 다시 역전시킨다는 의미가 들어 있습니다. 그래서일까요? 요가에선 물구나무 자세를 요가 자세 중의 왕이라 부릅니다. 물론 왕들이 하는 존귀한 자세라는 의미도 들어 있고요.

——— '거꾸로 선 자세 – 물구나무 자세'에는 '존재의 뿌리를 땅에서 하늘로 역전시킨다'는 뜻이 담겨 있다.

"요가 수행자는 정상적 행동을 완전히 '전복'시키려 노력한다. 육체의 부동, 숨의 리듬과 정지, 시선의 고정, 모든 일상적 과정의 되돌림, 하나의 대상에 전념함, 제한된 시공에서 빠져나오기 등등을 끝없이 스스로에게 부과한다.

인간 체험의 모든 차원에서 그는 생(生)이 하도록 요구하는 것과 '정반대'를 행한다. 그렇기 때문에 그 반대가 갖는 상징성은 죽음 후의 조건과 신성(神聖)의 조건을 인간에게 지시하게 된다.

정상적인 행동의 '역전'은 요가 수행자를 이 생(生)의 국외자로 만든다. 그러나 그는 중도에서 멈추지 않는다. 그의 죽음에는 입문이라는 재탄생이 뒤따르기 때문이다.

요가 수행자는 태고 사회에서 초심자가 입문 의례를 통해 새로운 존재가 되는 것처럼, 스스로 '새로운 육체'를 만드는 것이다."

루마니아 출신 요가학자 미르체아 엘리아데가 내린 단호하고도 아름다운, 그러나 여전히 대부분의 사람들에겐 수수께끼 같을 요가의 정의를 제 나름으로 정리해 보았습니다. 그가 세상에 남긴 책들은 오늘날까지도 가히 요가의 보물 창고입니다. 간간이 인용하도록 하겠습니다. 본문에서 주로 참조, 인용하는 저서는 미르체아 엘리아데의 『요가: 불멸과 자유』(김병욱 옮김, 2015년, 이학사)임을 밝혀 둡니다.

스스로
'새로운 육체'를
만든다는 것

육체의 죽음을 죽음으로 보지 않는 자,
요기들은 수없이 반복되는 죽음과 환생을 통해
의식의 성장을 이루어 나갑니다.

요가에서 말하는 '새로운 육체'란 과연 무엇일까요? 사실 바로 여기서부
터 요가에 관한 무수한 오해가 생겨났던 건 아닐까 싶습니다. 알아들을
사람은 알아듣고 모를 사람은 끝내 모를 요가의 정의. 바로 '스스로 새로
운 육체를 만든다는 것'입니다.

　요기(Yogi, 요가 수행하는 자들)가 새로운 육체를 만들기 위해서는 일상적
인 것과 정반대의 과정을 '스스로 분투하며(실천 수행하며)' 겪어 내야만 합
니다. 자연, 환경, 관습, 전통, 세상의 시선, 평판, 학문적 견해부터 삶의

매순간 사건 사고, 거미줄 같은 관계망에 이르기까지 모든 것과 맞서야 합니다. 마치 연어가 태어난 강으로 되돌아가듯 자신의 존재가 발아된 천상을 향해 지상에서 영원으로 부단히 튀어 오르는 불굴의 의지가 필요합니다.

앞서 엘리아데의 표현대로라면 요기는 죽음과 재탄생의 과정에 용기 있게 뛰어들어 이 모든 과정을 촘촘하게 겪어 내는 자들입니다. 이는 '명상을 통해 초월의식을 경험하는 것'을 의미합니다. 이 한 줄에 숨겨진 의미는 더욱 광대해서 죽음과 입문과 재탄생, 이 세 단어만으로도 무수한 이론서들이 필요해집니다. 일단 이 논의는 윤회라는 요가 체계의 전제를 받아들일 것인가, 환생과 재생과 내생의 법칙을 믿을 수 있는가, 입문이란 과연 무엇인가와 같은 문제까지 들어가게 됩니다.

육체의 죽음을 죽음으로 보지 않는 자, 요기들은 수없이 반복되는 죽음과 환생을 통해 의식의 성장을 이루어 나갑니다. 이를 통해 점차 스스로를 불멸의 신적 존재로 변형시켜 가는 길을 믿고 따르는 이들이 요기입니다. 마침내 자신의 신적 본질을 자각하게 되는 간난신고의 여정, 마하요기(신이 된 인간, 위대한 합일을 이룬 자)가 되는 길에는 결정적 시기마다 흡사 성년식과도 같은 통과의례가 기다리고 있습니다. 이를 일러 요가의 입문이라 합니다. 작게 보아 7단계, 크게 보면 12단계의 입문이 있다고 하죠.

죽음과 입문, 재탄생을 통과한 요기는 자신이 이룬 의식 성장의 경험을 다시 이 세상 속으로 잘 끌어들여야 합니다. 이것은 명상을 통해 '상위의 위대한 존재들로부터' 받은 신성한 지혜를 기록하고 연구하는 경전 기록과 전승의 과정으로 해석할 수 있습니다. 나아가 요기가 겪고 분투함으로써 깨달은 모든 결실은 온 세상과 공유되어야 합니다. 이는 나날의 봉사와 실천 수행을 뜻한다고 볼 수 있습니다.

하지만 '새로운 육체'를 스스로 만든다는 문장은 여전히 수수께끼로 남아 있는 것 같군요. 어찌 보면 요가의 가장 특징적인 면이 바로 이 대목이 아닐까 합니다. 그렇다면 질문을 달리해 보겠습니다.

"이것은 과연 육체의 '조형'일까요? 아니면 '변형'일까요?"

조형과 변형, 분명 어려운 단어입니다. 조형은, 조형예술이란 말에 주로 쓰이는 것처럼 이미 주어진 재료를 가지고 외부로 드러나는 형태를 다르게 만드는 것을 의미합니다. 반면 변형은 아예 재료 자체를 뒤집어엎다, 갈아 치우다라고 말할 수 있습니다. 다시 말해 현재의 육체를 이루고 있는 질료를 '아예 바꾸어 새롭게 변형시킨다'는 의미로 쓸 수 있겠습니다.

그렇다면 요가의 고된 훈련 과정은 과연 육체를 조형하는 것일까요? 변형하는 것일까요? 눈에 보이는 육체를 갈고 닦아 조형하는 과정을 발레, 체조, 피트니스 등으로 부르곤 하지요. 그런데 어떤 근본적이고도 종합적인 한 존재의 변신, 변화의 길을 일러 스포츠나 체육, 무용이라 말하진 않습니다. 그래서 요가란 말 뒤에는 '수행하다', '수련하다'가 붙는 것 같습니다.

사람들은 대개 처음엔 젊음, 미용, 그리고 건강한 육체가 주는 행복, 즉 신체 조형을 위해 요가에 관심을 두게 됩니다. 자신이 지닌 현재의 몸을 더 쓸 만하고 더 좋은 것으로 바꾸려 하는 것이 요가의 주된 목표가 되는 것이죠.

그래서 요가를 미용, 다이어트, 젊음의 유지를 위한 몸 쓰기와 같은 걸로 이해합니다. 이것이 현재 우리나라에서 대부분의 요가가 지닌 대중적 이미지가 아닐까 합니다. 물론 최근 들어 건강, 치유, 나아가 재활 운동법으로 요가의 역할이 서서히 알려지는 것 같기도 하지만 아직 그 물결은 미미합니다. 하는 곳도 많지 않고, 대부분 개인 레슨 방식이라 부담도 되지요.

인간과 관련된 주요 에너지 중 하나를 일컫는 쿤달리니를 무슨 엄청나게 귀하고 비싼 보석처럼 '물질적으로' 묘사하더니, 그것을 두고 가히 신경증적 암투를 벌이다 서로가 서로를 끝내 죽이고 마는 기이한 요가 영화, 〈요가학원〉도 있었습니다. 나름 한 여름에 호러영화로서 보는 재미는 있었습니다.

지금의 몸을 더 잘 가꾸고 만들어 신체의 보기 좋은 변화를 추구하는 신체중심요가가 세계적으로 유행하게 된 것은 불과 일이백 년 동안입니다. 그러는 가운데 현재 우리들 대부분이 알고 있는 신체중심요가는 요가의 본고장, 인도로까지 활발하게 '역수입' 되었답니다. 그러니까 지금 인도에 가서 여러분이 만나는 대다수 요가는 이미 서구화된 신체 조형 요가, 상업 요가라고 해도 그리 틀리지 않다는 것이죠. (요가 연구자들이라면 이 대목에서 독일 학자 뷔네만 교수의 요가 연구서들을 참조하시면 좋습니다.)

특히 요즘 커플들 사이에서 유행한다는 아크로바틱 기계체조 같은 극강의 기계적 요가 자세들을 따라하는 분들도 있습니다. 기묘한 자세를 즐기는 것을 제가 뭐라 말할 수는 없지만, 부단하고 오랜 기초 훈련 없이 따라하다가는 부상이 누적되어 갑자기 큰 부상을 입을 수도 있습니다.

극강의 요가는 인도의 궁전에서 전통 요가와 레슬링의 형태가 결합되어 공연된 일종의 궁중 기예였다고 합니다. 따라서 이런 훈련은 사실 요가가 아니라 곡예 예술에 속합니다. 특히 개인의 쾌락과 자랑을 목적 삼아 훈련하는 것이라면 분명 내면의 길을 추구하는 요가라고 볼 수는 없습니다. 고대 레슬링의 변형 동작들을 요가라고 착각하는 셈입니다.

아마 고대의 요기들, 요가 수행자들이 오늘날 요가 스쿨을 본다면 이렇게 중얼거릴지 모릅니다.

"저 사람들은 다 체조 선수인가? 아니면 무슨 큰 서커스 대회 준비라도 하고 있는 것인가?"

물론 지혜와 자비로 넘치는 분들이시니 그저 빙그레 웃으실 수도 있겠네요.

우리가
요가라고 믿는
모든 요가,
현대 요가

요가가 '세속적 번영'을 위해 물질 앞에 복무한 역사는
영원과 무한에 가까운 요가의 역사 중 극히 일부일 뿐입니다.

우리나라 요가계엔 재미있는 신조어가 있습니다. 이른바 '3H 요가'인데
요. 현대 한국 요가의 흐름을 읽는 데에 나름 유익합니다.

첫 번째 H는 할리우드 요가입니다. 이름 그대로 세계적으로 유명한 할
리우드 스타들, 소위 '셀럽'들이 한때 열병처럼 유행시킨 요가입니다. 우
리나라에서도 젊고 예쁜 여성 연예인들이 몸매, 피부, 체형, 심신 개조에
도움을 받았다며 대대적으로 요가 예찬을 했을 때의 바로 그 요가입니다.
지금도 우리나라에서는 할리우드 요가를 추종하는 곳들이 대부분이라 해

도 과언이 아닙니다.

두 번째 H는 히말라야 요가입니다. 일종의 유학파 요가랄까요? 인도, 티베트, 네팔 등에서 유래된 요가들에 각 수입국의 특성이 결합됩니다. 만약 수입국이 동아시아라면 그곳의 토속신앙, 민간전승 들과 만나게 되겠죠, 예컨대 선도, 무속, 민간신앙 들이 요가와 융합됩니다. 이들 요가계에선 서로의 관계도 구루가 아닌 큰 스승님을 중심으로 작은 스승님, 입문자, 수제자 등 각 나라의 전통에 맞춰 뚜렷한 서열로 정해집니다. 스승 중심 요가, 구루 요가의 잔존 형태일 겁니다. 물론 그중엔 진짜 스승님들도 계실 테지요. 지금은 어디서도 쉬 만나기 어려워진 데바구루(천신과도 같은 높은 스승)며 마하구루(위대한 스승), 은둔 거사, 재야 고수들의 출현은 비루한 일상에 시달리는 모든 세속 수행자들의 꿈이자 로망이니까요.

마지막 H는 하버드 요가로 분류됩니다. 아카데믹 요가라고 할까요? 동양 정신에 매료된 한 무리의 서구인들이 요가를 본격적으로 '대상화'합니다. 그 후 일단의 구루들을 초빙하거나 본고장 인도로 유학을 가기도 합니다. 그리고 지금은 좀체 만나 보기 힘든 '정통' 구루들 아래 요가를 진지하게 수련하며 스스로의 힘으로 서구화시켰습니다. 일종의 초기 요가 전파의 역사라고 볼 수 있습니다. 칼 G. 융이며 로맹 롤랑, 미르체아 엘리아데도 그런 분들이었습니다.

영국 식민지 정책에 의해 본국에서 탄압 받고 쫓겨난 인도 요기들도 이 흐름에 대거 합류하게 됩니다. 많은 아쉬람(요가 사원)들이 파괴되고 저명한 구루들이 피살된 역사가 엄연히 존재합니다. 반면 어떤 내면의 미션에

—— 전형적인 전통 인도 구도자의 풍모

의해 미국에서 거의 반생을 보낸 요가난다는 이 흐름을 주도한 마하구루였습니다. 이런 자극들에 힘입어 서구의 뛰어난 과학자, 의학자, 종교학자, 수행자 들이 발품을 팔아 이집트, 인도, 티베트의 요가 문헌들을 대거 번역한 다음 나름의 독자적인 체계를 연구, 수립하기도 합니다.

그런데 하버드 요가라는 말이 상징하듯, 이 흐름은 오리엔탈리즘에서 자유로울 수 없었습니다. 때문에 동양의 신비스런 전승에 서구의 과학적 방법론을 '기계적으로' '상업적으로' 적용하는 데 점점 더 심혈을 기울이게 되었습니다. 동서양의 바람직한 통합보다는 결국 수명 연장 의학이나 제약 산업, 미용 연구로 흐르는 경향이 현재는 다수를 차지합니다. 하버드의 명성으로 대표되는 유물론적 과학성과 상업성이 고대의 지혜들과 기묘하게 뒤섞인 요가랄까요. 하버드 정신과학연구소며 히말라야요가연구 등이 잘 알려져 있고, 매사추세츠 의대 교수가 개발했다는 유명 힐링 프로그램도 한창 유행 중에 있습니다. 북아메리카 대륙 다수, 영어권 다수에는 이런저런 요가의 신경향들이 지금도 대세를 이룹니다. 고액의 수련 비용을 지불해야만 참석 가능하죠.

이들은 굳이 치료 요가, 치유 요가만을 유난히 강조합니다. 그렇게 되면 정신적, 의식적 수행이라는 요가의 고유한 측면이 배제되기 마련입니다. 따라서 이들도 진정한 동서의 통합이 아닌 기이한 하이브리드 요가라는 평가 앞에서 예외일 순 없습니다.

이런 다양한 요가의 종파와 유행 들을 일러 저는 모두 '현대 요가'라 부르고 있습니다. 즉 현대 요가는 '새로운 육체 만들기'의 초점을 현재의 삶과 육체에 철저히 맞추는 요가의 흐름을 말합니다. 이때 새로운 육체를 만드는 일은 분명 본질적 변형이 아닌, 적당히 고쳐 쓰는 조형하는 육체입니다. 오래, 행복하게, 여기서 육체적으로 잘 살고자 하는 데에 모든 관심이 쏠려 있는 요가는 어디까지나 모두 현대 요가입니다. 비난의 의미가 결코 아닙니다. 오늘날 요가가 위치한 엄연한 현실을 말하고 있는 것입니다.

요가가 '세속적 번영'을 위해 물질 앞에 복무한 역사는 영원과 무한에 가까운 요가의 역사 중 극히 일부일 뿐입니다. 요가란 단지 여기서, 일회적 인생에서 복된 삶을 누리는 것만이 아닌, 그 이상의 의미와 가치를 지니고 있기 때문입니다.

인류의 시작과
함께한 요가

'이 드넓은 우주에 존재하는 생명체가
단지 인간만이라면 그건 엄청난 공간의 낭비.'

— 영화 〈콘택트〉 중에서

요가를 보기 좋은 신체 조형이라고 생각하는 현대 요가가 사실은 태곳적 인류가 동시다발적으로 추구하기 시작한 특정 요가의 흔적 때문이었다면 어떨까요?

최초의 인류를 한번 상상해 보죠. 현재 인류가 상상하는 우리들 옛 조상의 상황은 동물과 그다지 다를 바 없었습니다. 인어 공주나 반인반수의 그리스신화, 『미녀와 야수』 속 사자 인간, 늑대 인간, 무수한 정령신앙 등 등을 보세요. "인간은 결코 한 번도 존재하지 않았던 걸 상상할 수 없다."

—— 동물 인간들이 지상을 누비던 아스라한 기억의 편린들을 쉬 찾아볼 수 있는 그림들

고 요가에선 주장합니다. 그런데 이 '동물 인간'들이 인간으로 변화, 성장하는 데엔 매우 암시적인 이야기가 하나 있습니다. 바로 그리스신화 속 반인반신이던 '프로메테우스와 불' 이야기입니다. 불에서 시작하여 각종 도구, 언어 등을 사용하면서 인간은 나무에서 내려와 힘을 한데 모아 사용하는 거대 집단으로 변신하게 됩니다.

그때 인류에게 요가라는 특별한 훈련법이 존재했었다면요? 네, 조금 황당하실지도 모르겠습니다. 그렇다면 더 아득한 시절로 거슬러 올라가 볼까요?

태동기의 인류는 마치 갓 태어난 아기의 몸으로 평생 살아가는 것과 별 다를 바 없었다고 전해집니다. 아니 그런 정도의 꼴도 갖추지 못한 존재였다고 합니다. 무슨 흐물흐물한 유체 비슷했다고나 할까요? 각양각색 고대의 문헌에 따라 이를 일러 '푸딩과도 같은' '땀 주머니 같은' 등으로 표현합니다. 원형적 민담, 신화, 판타지 등에서 이들을 쉬 만날 수 있습니다. 인류가 자유로운 홀로서기, 두발로 멀리뛰기, 정교한 교감, 부교감 신경계를 확립하기까지엔 상상할 수도 없을 만큼 까마득한 시간이 필요했습니다. 지금의 인류와 가장 근접한 인류가 드디어 출현하기까지 극적 발달과 변화를 위한 '외적 자극'이 분명 필요했을 겁니다. 우리에게 지금 익숙한 모든 것이 그저 우연히, 자연스럽게, 그렇게 되었다는 말처럼 인류사를 바라보는 데에 크나큰 함정은 없다고 하지요.

인간, 인류라는 종의 역사는 단순히 지구와 인간계 내부에서만 맴도는 집단 경험 및 집단 지성 수준으로는 도저히 설명이 안 됩니다. 앞뒤가 안 맞습니다. 그렇다고 아무 맥락 없는 UFO나 인간의 상상력으로 지어낸 포악하고 무지한 외계 생명체 수준의 가설 또한 무의미합니다. 외계인 음모설이나 침공설, 뻔한 상상력들의 범주를 뛰어넘는 뭔가 새로운 관점이 필요합니다. 예컨대 어떤 거대한 내외적 요인, 뭔가 집단적 에너지의 송신과 수신의 과정, 작용과 반작용의 과정이 있었을 겁니다. 원초적 씨앗이 있고, 그 씨앗을 건드려 꽃 피게 하는 모종의 작용이랄까요. 뭇 생명의 잉태와 발아, 개화와 결실마다 유사하게 반복되는 원형과도 같은 사건과 과정들 말입니다. 그러려면 평범한 점성술 수준을 넘어선 고도의 천체 운행 원리가 우선 규명되어야겠지요. 아직은 명쾌하게 모두를 전달 드릴 순 없으나 뭔가 위대한 자극과 신호가 지구라는 하나의 별에 폭류처럼 쏟아 부어졌다는 전제가 있어야 비로소 고대의 신비스런 전승에 관한 해석이 가능하다고 저는 믿습니다.

　잠시 하늘을 올려다봅시다.

　칼 세이건 원작의 영화 〈콘택트〉에 나오는 유명한 대사 중 '이 드넓은 우주에 존재하는 생명체가 단지 인간만이라면 그건 엄청난 공간의 낭비'라는 말이 있습니다. 이 말에 저는 크게 공감합니다. 요가의 본질을 알아가는 데에 아주 중요한 성찰을 주기 때문입니다. '새로운 육체를 만들어낸다'는 요가의 목표를 이해하려면 반드시 골몰해야 할 주제인 것입니다.

　우리 몸의 미세한 세포 하나하나가 외부 환경으로부터 영향 받는 요소는 얼마나 다양한가요? 매일 먹는 음식, 둘러싼 대기, 햇빛과 비, 살고 있는 집, 걸어 다니는 길, 들이마시는 향기며 바라보는 대상들…. 감각기관을 통해 들어오는 헤아릴 수 없을 만큼 무수한 자극들에 힘입어 각 생명들은 활동하고 살아가며 또 변화합니다.

　그렇다면 인체라는 소우주를 담고 있는 중우주급 되는 지구별 또한 마찬가지 아닐까요? 지구를 둘러싼 하늘의 숱한 별들, 지상의 숱한 생명체 모두가 어우러져 하나하나 단위단위 별 세계를 이루며 서로 공존하며 억겁의 시간 속을 여행하는 중입니다. 당연히 더 큰 세계에서 오는 자극, 상호 간에 주고받는 다종다기한 힘들을 떠올리지 않을 수 없습니다. 우주, 신, 공간, 시간, 에너지, 생명, 불, 빛, 섬광… 그 무어라 부르든 인간의 제한된 관점과 언어일 뿐입니다.

　이 가운데 요가와 가장 밀접한 단어가 바로 에너지입니다. 요가는 한

마디로 에너지에 관한 탐구와 훈련법입니다. 지구에 영향을 미치는 무수한 빛과 열과 소리와 색채 들을 포괄하여 앞으로 에너지라 자주 부르겠습니다. 이를 산스크리트어로는 프라나(Prana)라고 합니다. 영어로는 생기에너지(vital energy)의 의미입니다. 옛 중국에선 허공에 도가 가득하다 했고, 우주과학에선 공간을 지배하는 물질인 에테르가 움직이며 변화하기 시작할 때 에너지라 부르기 시작했습니다.

'지구, 하늘, 그리고 별들, 그 너머 태양계, 그 너머 또 은하계, 또 그 너머 너머의 존재계, 무한한 우주에 이르기까지 포진된 무한 공간, 그 안에는 생명 에너지라는 것이 꽉 들어차 있다. 그 에너지들이 우리가 느끼고 볼 수 있는 힘으로 변형되었다. 이들은 지상으로 내려와 모이고 뭉쳐지고 꼴을 갖추었다. 이것이 바로 물리적 우주의 세계다. 그 에너지의 이름은 그러므로 그저 단순한 물리력이 아니다. 생명이며, 지성적 창조와 사유가 가능한 어떤 영적 존재와도 유사한 의미다. 또한 이것이 바로 우리가 '영원한 생명'이라 부르는 물리적 생명 너머 어떤 광대무변한 생명, 모든 존재의 진정한 '원인'의 세계이다.'

이상이 지난 15년여 시간 동안, 제가 요가인으로 살며 수련하고 탐구하며 뚜렷이 확신하게 된 명제입니다. 그래야만 비로소 지구, 행성, 태양계, 그 너머의 존재계에 관한 퍼즐이 아주 일부라도 맞춰지게 된다고 저는 믿습니다. 이런 전제 없이 과연 인류라는 한 집단이 이토록 충격적일만큼

비약적으로 신체적, 정신적, 질적인 변형을 이루어 낼 수 있었을까요? 모든 것이 그저 우연에 지나지 않는 일일까요?

엘리아데는 또 말합니다.

"말하자면 요가 수행자는 ― '규칙적인 리듬을 따르므로' ― 속된 인간의 삶에서 물러나, 보다 깊고 보다 참된 다른 삶, '우주'의 삶 그 자체를 되찾는다고 할 수 있다.

사실 우리는 요가의 첫 단계들을 인간의 '우주화(cosmisation)'를 향한 노력의 단계들이라고 말할 수 있다. … 요가의 모든 정신생리학적인 기법에는 생의 카오스를 하나의 '코스모스'로 변화시키려는 야망이 있음을 짐작할 수 있다. … 우리는 요가와 탄트라의 많은 수행이 인간의 신체와 생명을 천체와 우주의 리듬, 특히 해와 달과 동일시하려는 구상으로 설명된다는 사실을 밝혔는데… '우주화'라는 예비 단계를 알지 못하고는 최종 해방을 얻을 수 없으며, 카오스에서 자유로 곧장 넘어갈 수는 없다.

… 인도의 신비적 생리학의 상당 부분은 인체 내에 있는 '해들'과 '달들'의 식별을 바탕으로 한다. … '통합' 이후에 획득된 '우주화'는 동일한 과정을 지속한다. 인간을 다른 거대한 크기로 다시 만들고, 그에게 거대 인간의(macranthropique) 경험들을 보장해 준다."

우주화, 범우주적 에너지와 인류의 관계, 인류의 성장 발달을 돕는 내외적 자극의 꾸준한 작용, 어쩌면 바로 그것이 각 문화권마다 공통적으로 남아 있는 원초적 요가의 희미한 흔적일지 모릅니다.

인간은 이제 점점 더 정교한 존재로 변해 갑니다. 그즈음 요가의 발전

—— 인도는 물론 중국, 태국, 동남아 곳곳의 유적에서 발견되는 요가 자세들의 흔적

속도 역시 수신자인 인류의 발달 속도에 맞춰 느릿느릿, 별반 다르지 않았겠지요. 각 문명권의 성인식도 요가의 여러 양상 중의 하나일 것입니다. 그 증거로 고대 사원이나 학당들의 엘리트 교육에서 볼 수 있는 이상적이고도 종합적 인간형에는 항상 신체 단련 프로그램이 필수적이었습니다. '건강한 신체에 건강한 정신이 깃든다'는 익숙한 표어나 올림픽 정신의 발아 또한 고대 인간들이 신체의 아름다움과 조화를 얼마나 중시했는

—— 육체적 발달이 극대화되어 완성의 경지까지 보여 주는 고대인들

지 말해 줍니다. 아카데미아 학당에 그려진 남성들만의 동맹은 온전한 자유인의 육체가 지혜를 사랑하는 자들의 필수 조건이었음을 웅변합니다.

정리하자면, 이렇습니다.

"태동기의 인류는 지금 인류와 사뭇 다른 모습이었다. / 오랜 세월이 흘러 어떤 범우주적 자극이 인류에게 전달되었다. 그 자극 또는 생명 에너지들을 인류는 빛, 불, 열의 상징으로 기록, 표현하고 있다. / 인류의 신체는 빛, 불, 열을 통해 지속적으로 새롭게 변형되었다. / 변화의 결과, 인간은 우주적 질서를 새로운 육체 안에 탑재할 수 있게 되었다. / 새로워진 인간은 새로운 육체에 적극 적응하기 시작했고, / 더욱 더 정교하고 아름답게 신체를 발전시켰다. / 원시 요가의 흔적이며 고대의 육체 단련법들은 그 흔적들이다. / 이는 어떤 잃어버린 고리, 비약의 과정을 거쳐, 오늘날 신체를 더 강화하고 단련하는 스포츠에 요가를 접목시키는 현대적 유행을 낳게 되었다."

잃어버린 요가의 고리, 사실 제게는 바로 이 지점이 오래도록 풀리지 않던 퍼즐이었습니다. 태곳적 인류가 '새로운 육체'를 스스로 조형하는 것을 그저 단순히 요가라 한다면 왜 숱한 요가의 문헌에서 요가는 '해와 달의 리듬을 식별'하여 '새로운 육체를 재구성'한다고 한 것일까? 인간의 우주화가 요가의 시초라는 의미는? 프로메테우스의 불이 과연 인간에게 윤택한 생활을 보장하기 위한 도구로써의 불이었을까? 인류에게 더 정교한 신체는 과연 왜 필요했을까? 결국 3H 요가든 태곳적 요가든, 인도의 요가든 서구의 요가든, 모두 어떤 동일한 수수께끼를 풀지 못한 것은 아닐까? 그래서 지금껏 요가를 둘러싼 온갖 혼돈이 벌어진 것은 아니었을까?

태곳적 인류에게 전해진 요가는 분명 인간의 신체를 보다 정교하게 발달하도록 이끌었을 겁니다. 그리고 요가는 인류의 발달하는 의식에 따라 끊임없이 변형, 분화되었을 겁니다. 마치 아기에게 다섯 가지 감각이 분화되고 감정과 생각이 싹트고 그 아이가 소년소녀가 되고 어른이 되는 것처럼. 그런데 이 요가가 시간을 훌쩍 뛰어넘어 어떤 변곡점과 만나게 됩니다.

지금부터 약 2,000만 년 전쯤 저 멀리 별빛을 타고 불, 열, 빛으로 추정되는 생명 에너지가 지상에 쏟아 부어졌습니다. 물질과 정신 모두를 고루 탑재한 범우주적 생명 에너지 덕에 긴 잠에 빠져 있던 인류는 숱한 고통과 승리를 이루며 점점 더 강한 존재가 되어 갔습니다. 인간의 자손은 이윽고 지상을 점령하기 시작했죠. 이때 각 문화권마다 등장하는 대홍수, 실락과 타락, 신과 인간의 전쟁, 자연과 인간의 투쟁, 인간과 인간끼리의 살육 등 아득한 시절의 이야기가 탄생, 인류의 두뇌에 기록되기 시작합니다. 때론 상징으로 때론 실제의 역사로 전승되는 그런 이야기 속 극적인 사건들이 지상과 천상을 오르내리며 시시각각 벌어집니다. 문화권마다 창세신화, 신들의 탄생 설화가 존재하는 이유입니다.

그때 지구 전체를 아우를 만한 큰 사건이 벌어집니다. 인간을 지극정성으로 가르치고 돕던 대스승이자 자비의 신 크리슈나는 인간과 신들이 결탁하여 일으킨 모종의 반란으로 제거됩니다. 위대한 신의 죽음(신은 불멸이므로 크리슈나는 죽은 것이 아니라 일시적으로 지구를 떠나간 것입니다.)으로 지축을 흔드는 혼란이 시작됩니다. 그리하여 이제는 전설 속에나 등장하는 '영적 황금시대'는 비통하게 막을 내리고 인류는 수십만 년 동안 어둠과 비탄의 시절을 보내도록 조치됩니다. 요가에선 이를 죽음의 여신 칼리의 이름을 따서 칼리유가, 암흑의 시대가 시작되었다고 합니다.

바로 이 칼리유가의 초입에 지금 현대의 인류가 서 있습니다. 지난 이천 년은 요가의 시간 단위인 유가(Yuga, 요가에서 시간을 측정하는 단위, 1유가는 대략 43만 년만큼의 시간이다.)라는 관점에선 단지 20여 초 정도의 아주 짧은 시간일 뿐입니다.

큰 주기의 역사를 작은 주기의 역사는 반복하게 됩니다. 그런 이치에 따라 근대 이후, 요가는 서구로 활발하게 흘러 들어갔지만, 현대 물질문명의 압도적 폭류 속에 그만 길을 잃고 말았습니다. 죽음의 유가, 암흑의 시대가 수천 년째 계속되고 있는 셈이죠. 이로 인해 오늘날 우리에게는 요가의 극히 피상적인 측면들만 주로 부각되었던 것입니다. 남들에게 보여 주기 위한 미끈한 신체, 즐기기 위한 도구로서의 육체, 완력을 강조하는 육체, 현대 요가 역시 그것에만 줄곧 초점을 맞추고 있는 것은 아닐까요?

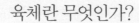

육체란 무엇인가?

육체는 가장 아래까지 내려온 영혼이며,
영혼은 가장 위로 올라간 육체이다.

— 요기들이 오래도록 집중하고 명상하는 구절

이제 다시 첫 질문을 불러와야 할 시간입니다. 어쩌면 수수께끼 한 조각
의 봉인을 여는 순간이 될지 모릅니다.

"육체란 무엇인가?"

"나는 매순간 쇠워어 가는 육체인가?"

"인간은 곧 사라져 버릴 육체인가?"

답은 "그렇지 않다."입니다. 까마득한 때로부터 요가에서는 몸을 '영혼
의 집'이라 불렀습니다. 육체는 영혼을 담는 그릇이란 의미입니다. 대개

우리가 '나'라고 알고 있는 나는 작은 나, 가짜의 나, 그림자 같은 나입니다. 반대로 영혼이야말로 참다운 나, 즉 '참나(Real Self)'라고 요가에선 말합니다. 그러니까 진짜 '참다운 나'는 '영혼'인 셈입니다. 요가에서 육체란 영혼이 잠시 머물다 가는 한시적 거주처입니다. 영원불멸의 영혼이 살기 때문에 육체를 신성한 집, 거룩한 사원이라고 불렀습니다. 인도의 전통 요기들이 새벽동이 터 오를 때마다 몸을 깨끗이 간수하는 일(요가에서의 다양한 정화법)에 주력하는 까닭이 여기 있습니다. 신이 거주하는 육체를 쓸고 닦고 기름 치고 하는 일, 이것을 하타 요가라고 불렀습니다.

그런데 바로 이 대목에서 저는 항상 질문이 일곤 했습니다.

"그렇다면 영혼은 무엇일까?"

"어떻게 불멸의 혼에서 단멸의 몸이 나왔을까?"

요가에서 영혼은 인간의 여러 가지 몸 가운데 최상위층인 원인체(原因體, causal body)라는 곳에 거주하며 개별 인생들을 해탈에 이르기까지 이끌고 안내하는 존재입니다. 불멸의 몸은 일시적으로 단멸인 것처럼 보이는 몸에 잠시 주기적으로 거주하지만 억겁의 정진을 통한 해방의 순간 두 몸은 더 큰 존재 속에서 하나로 합쳐집니다. 불멸과 단멸의 구획은 본디 없었으니 때가 되면 다시 그 구별은 사라지게 되는 것입니다. 지금까지 인류는 바벨탑 신화에서처럼 각자만의 언어로 그처럼 더 큰 존재를 신, 우주, 로고스, 에너지, 생명, 순수의식, 불성 등으로 불러 왔습니다.

본디 요가에서 말하는 진정한 육체는 하나도 둘도 아닙니다. 육체의 정의는 몹시 가변적이어서 평면적 사고로 요가의 육체관을 이해하기는 조금 어렵습니다. 상상의 힘, 영감과 직관의 도움이 필요합니다. 쿨쿨 자고 있던 참다운 나, 원자아(原自我)를 깨우기 위해서는 아이 같은 호기심, 사심 없는 열정, 무구한 상상력이 절실합니다.

"육체가 하나가 아니라 여럿이라고?"

지금 바로 이 주제에 잠시 몰입해 보면 좋겠습니다. 눈을 감고 상상으로 여러 층으로 이뤄진 인간의 몸을 그려 보는 겁니다. 이미 알고 있던 지식의 틀을 동원하여 비교 분석하면 다차원 육체에 대한 이해는 더 어려워집니다. 요가에서 육체란 점점 더 확장되는 그 무엇입니다. 영원히 만들어 가는 것입니다.

육체는 우리가 흔히 잘 아는 물질로 구성된 가시적 존재만이 아닙니다. 고체, 액체, 기체, 살과 뼈와 액체와 가스층 들이 적절히 버무려진 거친 반죽덩어리가 아닙니다. 우리가 잘 아는 육체는 요가에서 일시적으로 즉, 한 생 한 생 허망하고도 짧게 존재하는 껍질의 몸이고, 심지어 인간 존재의 기반조차 아니라고 합니다. 대신 요가에선 더 근본적이며 다양한 여러 가지 몸들을 설정합니다. 이들 몸을 요가는 비가시체, 즉 눈에 보이지 않는 몸인 미세체(subtle body)들이라고 부릅니다. 가볍고, 섬세하고, 추상적이며, 정묘하다는 의미입니다. 미세체들을 다중영체(多重靈體)로 부르는 학파들도 있습니다.

요가에서 인간은 다섯 개의 덮개이자 다섯 종류의 미세한 몸으로 이루어져 있다고 합니다. 그 각각을 물질층, 에너지층, 감정층, 정신층, 영혼층이라 부릅니다. 문헌마다 학파마다 다소 다르지만 핵심은 비슷합니다.

각각의 체는 무엇으로 살아 나갈 양분을 얻느냐에 따라 나뉘게 됩니다. 그래서 이들을 음식층, 에너지층, 감정층, 생각층, 영혼층으로 부르기도 합니다.

산스크리트어로는 이를 판챠-코샤, 즉 오중(五重)의 덮개라 부릅니다. 인간은 오중으로 겹쳐 존재하는 알(卵) 모양의 에너지체, 다섯 겹의 몸으로 된 존재인 것입니다. 알 모양의 몸이란 참으로 의미심장합니다. 세계 곳곳 난생설화의 근거가 혹여 이것은 아닐까 싶기도 합니다.

판챠-코샤, 즉 오중의 덮개는 당연히 한 몸이며 물질이지만, 그렇다고 완전한 물질만도 완전한 의식만도 아닌 그 무엇입니다. 하나이며 여럿이고 여럿이며 동시에 하나입니다. 마치 뚜껑을 열면 그 안에서 작은 인형이 끝없이 나오는 러시아 인형 마트료시카처럼 인간 밖의 인간, 인간 안의 인간들이 요가의 본래 육체관이자 존재관인 것입니다(미소한 크기부터 극대의 크기까지 인간 몸은 다층으로 포개져 있다. 다만 일시적으로 막과 경계로 나뉠 뿐이다. 그리고 그 끝과 시작은 평범한 인간 수준의 의식으로는 아무도 완전히 알 수가 없다.).

이것이 '요가는 과연 무엇을 위한 훈련법인가?'라는 숱한 왜곡과 변화를 자아낸 바로 그 지점입니다. 요가가 한 생 한 생 스러지는 껍질만을 위한 훈련법이 아니라는 것이 더욱 분명해집니다.

'점점 확장되는 육체'라는 개념을 바탕으로 다섯의 몸을 넘어서 여섯 번째에 오라(aura)를, 일곱 번째에 프라나를 넣기도 합니다.

이 모든 존재 층들의 합산물로써 각 개인마다 오라, 혹은 아우라로 표

현되는 난형(auric egg)의 존재 형태를 오라라고 합니다. 반면 해일로(halo, 광륜)는 횡격막 위로 아우라가 상승되어 특정 의식 수준의 성자, 영적 인물, 신적 존재에 나타나는 후광을 뜻함으로 오라와 다소 구별됩니다. 모든 생명 존재에겐 오라가 있으나 후광은 드문 것이죠.

프라나는 이 모든 존재 형태를 살아 있도록 하는 생명력을 뜻합니다. 개인의 프라나와 온 존재계에 편만한 프라나는 구분되어야 하는데, 항상 더 큰 것이 작은 것을 포용한 채 흐르고 있다고 보면 됩니다. 프라나는 전체 집합이고, 개인이 각자 오라의 경계와 막 안에 매순간 보유하는 프라나는 부분집합입니다. 이것을 스펀지와 바닷물의 관계로 설명하기도 하는데, 스펀지의 내부로 스며들어 간 물은 전체 프라나이며 스펀지의 모양과 색과 냄새, 이름 등을 규정하는 것은 각 스펀지의 개별 에너지의 총합입니다. 물이 빠지면 스펀지는 말라 기능하지 못합니다. 스펀지 바깥의 바닷물은 전 우주의 생명력, 프라나일 것입니다. 그러나 프라나 역시 일시적이고 잠정적인 용어여서 그릇에 따라 주요성분이 물일 수도, 빛일 수

도, 색깔일 수도, 소리일 수도 있고 형체가 아예 사라지고 없는 추상적 상
념체일 수도 있습니다.

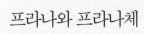

프라나와 프라나체

프라나는 모든 살아 있는 유기체에 의해 흡수되며
프라나를 충분하게 공급하는 것은
유기체를 존재하게 하는 데 필수적인 것으로 여겨진다.

— 아서 포웰

인류의 영적 황금시대에 고대의 요기들은 바로 이 미세체이자 다중영체들을 도구로 요가를 했던 겁니다. 그리고 그 지난한 훈련의 결과를 사람들이 눈으로 확인할 때면 "와, 더 늠름해졌군", "더 생기 있어 보여", "아! 정말 아름다운데, 뭐라 말로 하긴 어렵군", "빛이 나는 걸", "후광이 사방으로 퍼져 나가는 것 같아. 눈을 감고 보니까 더 잘 보여" 등으로 말하곤 했을 테지요.

오늘날 요가에선 진짜 육체 가운데 첫 번째 층을 에너지체라고 부르고 있습니다. 에너지체는 앞서 말한 산스크리트어 '프라나'에 몸이란 의미를 붙여서 프라나체, 지역에 따라선 기체(氣體), 학파에 따라선 에테르체(ether body)라고 부릅니다. 거친 물질로 된 육체와 매우 근접하여 포개져 있는 복사체(double body)입니다. 도플갱어는 바로 이러한 이중의 몸을 예로부터 부르는 이름이었습니다.

활기 넘치는 프라나체는 연보랏빛으로 알려져 있습니다. 요가에서 유명한 단어인 차크라는 곧 에너지 센터라는 의미입니다. 두 다리 쪽으로부터 시작해서 일곱 무지개 빛깔로 흔히 묘사됩니다. 차크라란 미세체들의 척추 뒤쪽을 따라 존재하는 일곱 개의 에너지 통로(에너지 출입구)를 말합니다. 대개 거친 육체의 척추 뒤쪽에 차례로 포진해 있습니다. 문헌마다 대개 일곱 개가 있다고 말하지만 실은 인간의 다섯 가지 몸마다 일곱 개씩의 차크라가 있을 수 있는 셈이니 최소 35개 이상의 차크라가 존재하는 겁니다. 그것도 대차크라를 말하는 것이고, 중간 크기 차크라가 수십 개, 소차크라들은 인체의 세포 수만큼 존재합니다. 이런 구절 또한 음미해 볼 만합니다.

"인류는 지구의 차크라이며 지구는 태양계의 행성 차크라이고 태양은 더 큰 성단들의 차크라들 중 하나이다."

감각기관도 그러므로 다섯 감각이 아니라 최소 35가지 이상의 감각이 인간에겐 주어진 셈입니다. 하지만 이런 이론들은 기존 요가에서조차 너무 생소해서 공식적인 학설로 받아들여지진 않습니다. 역시 상상하고 그려 볼 주제입니다.

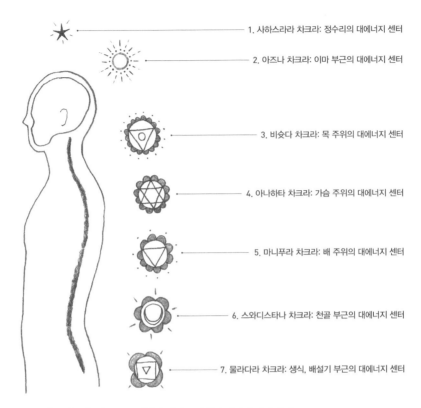

1. 사하스라라 차크라: 정수리의 대에너지 센터

2. 아즈나 차크라: 이마 부근의 대에너지 센터

3. 비슛다 차크라: 목 주위의 대에너지 센터

4. 아나하타 차크라: 가슴 주위의 대에너지 센터

5. 마니푸라 차크라: 배 주위의 대에너지 센터

6. 스와디스타나 차크라: 천골 부근의 대에너지 센터

7. 물라다라 차크라: 생식, 배설기 부근의 대에너지 센터

—— 일곱 차크라. 일곱 주요 에너지 센터로 이뤄진 인간의 진짜 육체

    차크라의 이미지는 연꽃이나 회오리, 바퀴처럼 묘사됩니다. 이들 역시 육체적 눈으로는 볼 수 없는 비가시적 실체입니다. 요가에서 진정한 인간을 일곱 가지 에너지 센터와 다섯 몸이 모여 구성된 '비가시적' 존재로 보는 까닭이 여기 있습니다. 인간을 무수한 에너지들의 교차로이자 육체는 에너지로 만들어진 고형의 집적물로 보는 것입니다.

눈으로 볼 수 있는 거친 몸은 땅에서 나는 음식을 먹고 소화시키며 살아갑니다. 그럼 프라나체의 음식은 무엇일까요? 바로 숨입니다. 호흡입니다. 호흡이 곧 에너지체가 살아갈 수 있는 양분입니다. 그런데 그리스어로 프시케가 무엇인지 혹 아시나요? 프시케(psyche), 영어로는 '사이키'라고 읽습니다. 프시케는 '영혼', '심리', '정신' 등을 뜻하는 단어입니다. 그리고 그 어원은 바로 숨, 호흡이랍니다.

호흡은 단순한 가스교환만이 아닙니다. 그래서 요가에선 들숨날숨으로 흐르는 어떤 기운을 단순히 에너지라 부르지 않고 프라나, 생기 에너지라 부릅니다. 생기 에너지 역시 요가에선 육체처럼 무한히 가변적이고 상징적입니다. 우리는 숨을 쉬면서 가스교환만이 아니라 감정 교환, 생각 교환, 영적 변화까지 경험합니다. 단순히 호흡이 아닌 온갖 생명력이 흐르는 힘이 프라나인 것입니다. 학파에 따라 깊은 잠에서 깨어난 힘, 각성된 에너지를 숨이나 에너지와 구별하여 프라나라고 부르기도 합니다. 스스로 자각하는 힘이 있는 에너지, 느끼고 사유하는 에너지, 감성과 지성이 어우러진 에너지 역시 모두 프라나라 부릅니다. 신성한 영혼의 에너지 또한 프라나입니다. 이때는 영적 프라나, 신성한 프라나라고 합니다.

정리하면 프라나가 흐르는 몸이 에너지체, 우리들의 진짜 몸인 셈입니다. 요가는 이 프라나를 활발하게 생성, 공급하고자 전승된 인류 공통의 학습법입니다. 무한한 세계와의 합일과 확장이라는 광대한 목표를 위해서 말입니다.

예로부터 프라나체를 자세히 관찰하면 마치 그물망처럼 보인다고 했습니다. 그 그물을 한 가닥으로 잇는 빛나는 실과 같은 구조를 일러 나디(수만 가닥으로 된 눈에 보이지 않는 신경망)라 하며, 호흡기관은 바로 그 양분이 고루 전달되는 통로입니다.

영국의 신지학자 아서 포웰은 그의 저서 『에텔 복체』에서 프라나를 이렇게 설명합니다.

"프라나는 '생명그물(Life-web)'의 가지와 그물 구조를 따라 경쾌하게 움직인다. 이 생명의 망은 상상할 수 없을 정도로 미세하고 섬세한, 아른거리는 아름다운 빛을 발하는 황금색 망(황금빛 바구니에 비유)으로, 수트라트마(은빛 생명의 줄, 실버 코드), 즉 상위 세계에서 비롯된 한 줄기 빛의 선으로부터 형성되었다. 한 줄기 빛의 실로부터 형성된 이 생명망의 그물 구조 안에서 (물질계의) 조잡한 원자들이 상호 연결되어 (무엇인가가) 만들어진다."

그는 어떤 의미에서는 프라나가 생명체의 산물이 아니라 거꾸로 살아 있는 동물, 식물 들이 프라나의 산물들이라고 말합니다. 이 말의 함의는 프라나의 기원이 단순히 지구상의 생물체들이 뿜어내는 총합적 에너지만을 뜻하지 않는다는 것, '우주적 프라나'에 대한 상상의 지평을 열어 주는 대목이라 하겠습니다.

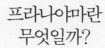

프라나야마란
무엇일까?

극소수의 사람만이 자신을 둘러싼 세계에 대해
생각하고자 노력한다.

— 헬레나 로예리치

요가의 독특한 호흡법을 '프라나야마(Pranayama)'라고 하는데, 언어적 의미는 호흡을 확장한다는 것입니다. 그래서일까요. 오늘날 현대 요가는 고요히, 규칙적으로 깊이 내쉬는 제대로 된 호흡을 한창 강조하는 중입니다. 그러다 보니 프라나야마가 단지 육체를 위한 것이냐, 피부 미용을 위한 것이냐, 나른한 일상에서 깨어나기 위한 것이냐, 해탈을 위한 것이냐 등의 논쟁이 수천 년간 벌어지기도 했습니다.

프라나야마를 특히 중시하는 요가에는 하타(해와 달) 요가, 쿤달리니(잠자는 뱀의 에너지) 요가, 라야(에너지 센터 계발) 요가, 탄트라 요가, 스와라 요가 등이 있습니다. 많은 요가들이 호흡을 주요 출발점으로 삼습니다. 처음엔 육체의 불편을 가라앉히기 위해 호흡도 하고 동작도 하다가 호흡과 동작을 동시에 하였고, 호흡만을 따로 떼어 훈련하다 보니 드디어 확장이 일어났습니다. 확장은 감각의 변화를 수반하였고(투시력, 투청력, 다양한 초능력 등) 이렇게 한층 초현실적으로 확장된 감각을 활용하여 궁극의 명상과 깨달음으로 나아가는 것이 요가의 길로 자리매김된 것입니다.

하지만 단지 호흡 훈련만으로 요가를 설명하기엔 충분하지 않습니다. 프라나가 크고 강한 사람들은 감각도 날카롭고 몹시 예민합니다. 또 누구보다 감정도 풍부하고 고상합니다. 에너지체가 건강하고 활발한 사람들은 흐르는 생각도 다양하고 반짝반짝 창의적입니다. 가슴도 활짝 열려 있어 공감과 연민과 자비가 풍성합니다. 동시에 학식도 견문도 깊고 넓습니다. 포용력이 있으면서도 지성적인 번득임도 동시에 갖추고 있는 셈입니다. 참으로 이상적 인간형이 아닐 수 없습니다. 무엇보다 한 존재의 프라나체를 흐르는 프라나가 깨끗하고 고귀하다면, 뭔지 뚜렷이 알 수는 없지만, 주위에서 무심코 "아, 그 사람, 참 보기 드문 영혼의 소유자야", "그 사람 안엔 뭔가 특별한 영혼이 있는 것만 같아", "살아 있네, 영혼이"와 같은 탄성이 그를 둘러싸고 새 나옵니다.

프라나가 사방에서 고루 잘 들어와 충만하게 흐르면 인간은 말 그대로 점점 빛나는 존재로 거듭나게 됩니다. 즉, 기존의 육체가 새로운 형질의 육체로 '변형'됩니다. 이것이야말로 요가에서 말하는 '새로운 육체'를 스스로 만든다는 진정한 의미일 것입니다.

하지만 여전히 헷갈리고 해결되지 않는 대목이 있습니다. 프라나야마를 지성으로 밤낮없이 훈련한다고 엄청난 지혜가 열릴까요? 따스한 공감 능력과 날카로운 지적 능력, 세상을 구원하는 희생정신과 영감으로 가득한 예술과 과학의 성과는 평생 호흡 훈련 한 번 하지 않은 사람들에 의해 얼마든지 가능한 업적들이었습니다. 또 프라나가 강한 것이 항상 좋은 결과를 가져왔을까요? 타락한 구루, 기괴한 요승, 사기꾼 도사, 잘못된 정치 리더며 부도덕한 사이비 성직자들의 예는 차고 넘칠 정도입니다.

지난 오랜 시간 요가는 혹시 프라나야마를 너무 제한적인 의미로 이해하진 않았을까요? 눈 감고 코 막고 귀 막으면 들린다는 신비스런 소리들을 너무 물리적으로 해석한 건 아니었을까요? 물론 얼굴에 난 온 구멍을 다 막는 벌(bee) 소리 호흡법이나 공중을 나는 무드라(하타 요가 수련법 중의 하나로 위대한 봉인과 관련된 비밀의 수련법으로 구전됨)들은 신체 건강 및 정력 증강에 다소간 이바지한 것도 사실입니다.

한때 기공이나 국선도, 하타 요가의 마스터들이 신기에 가까운 묘기를 보인 시절이 있었습니다. 대중의 눈에 그분들은 차력사, 마법사, 주술사처럼 보이기도 했지요. 그 모두, 물질을 지배하는 힘의 원천을 대중들에게 '충격적으로' 전하기 위한 시범이었다고 합니다. 그렇다 해도 비행체를 만들고 세계의 뉴스를 모두가 동시에 알 수 있는 초네트워크의 시대에 그런 '가시적 물질적 변이'라는 요가 기법은 지금의 시대에 한창 뒤떨어진 것이 아닐까 합니다.

어쩌면 현대의 위대한 요기는 도덕적이고 유능한 정치가, 양심적인 과학자, 직관이 풍부한 발명가, 인류애가 넘치는 혁명가의 모습으로 우리 곁에 더 많이 살고 있을지 모릅니다. 지저분한 인도의 뒷골목에서가 아니라요.

지금부터 요가는 육체적 호흡의 멈춤 그 이상의 세계라는 것을, 호흡을 단련하는 요가 훈련이 프라나야마의 실체만은 아니라는 것을 살펴보도록 하겠습니다. 육체의 변형에 프라나체는 가장 중요한 요소이긴 하지만, 프라나체를 형성하고 변형하는 것은 호흡 그 너머의 세계에 있습니다.

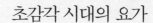

초감각 시대의 요가

의식의 변형으로 오랜 육체는 마침내 허물을 벗는다.
허물 벗은 육체는 무지갯빛으로 찬란히 빛난다.

까마득한 옛날, 인류는 하루하루 삶을 살아 내는 것조차 무척 힘겨웠을 겁니다. 그 무렵 인류의 발달 과업은 생존을 위해 좀 더 활발하게 기능하는 육체를 만드는 것이었습니다. 인류는 생명의 원천인 숨에 더욱더 집중하게 됩니다.

살아 있음을 확인하는 즉각적인 수단, 숨. 숨이 붙어 있는 동안은 온기가 있고 웃고 울다가 숨이 거두어지면 차갑게 식어 굳어 가는 몸을 보며 인류는 호흡의 중요성, 숨의 고귀함에 전율했을지 모릅니다. 그리하여 누구나 매순간 쉬고 있는 이 숨, 호흡을 따로 떼어 특수하게 정련하고 훈련하게끔 되었을 겁니다.

'숨 쉬는 신', 요가의 신을 이렇게 부르기도 했습니다. 신을 느끼는 방법, 신에 이르는 방법, 신과 하나가 되는 방법, 전통 요기들은 그 길의 시작을 호흡이라 믿고 거기 주목했습니다.

요가의 전승에 따르면 고대의 사원에서는 일정 나이의(초경과 몽정 이전의) 소년소녀들을 선발하여 일정 기간 특별히 정화된 음식을 먹이고 신체를 단련시키면서 남다른 호흡법을 비밀리에 가르쳤다고 합니다. 그런 다음 별들의 좌표에 따라 지정되는 특정한 날에, 긴 침묵과 명상과 기도를 하는 중에 신의 말씀을 받아 말하도록 했습니다. 말하자면 신탁용으로 특수 훈련된 예비 사제들이 바로 어린 요기, 요기니(여자 요가 수행자)들이었던 셈입니다. 이와 유사한 요가 훈련법이 오늘날 호흡중심요가의 흔적으로 전해집니다.

과거 한때 인도 전역뿐 아니라 동서양 대부분 종교계며 사원의 수행자들에게 깊게 영향을 미친 탄트리즘, 이후 탄트리즘의 대안으로 부상한 하타 요가의 원류가 바로 이 호흡을 중심으로 하는 요가 훈련법입니다. 이를 통해 인류는 그동안 익숙했던 오 감각의 세계 그 이상의 경험을 추구할 수 있었고, 그 결과 다양한 신비 체험의 기록을 남겼으며, 오늘날까지도 격렬한 호흡 훈련법을 추종하는 요가행을 하게 됩니다. 이를 학파마다 탄트라 요가, 쿤달리니 요가, 하타 요가, 라야 요가 등으로 부릅니다.

호흡이 고요하면 생각도 고요하다.

호흡을 억제하면 의식이 억제된다.

호흡을 정화하면 의식이 정화된다.

의식이 정화되면 영혼이 드러난다.

영혼이 드러나면 초의식의 세계에 이르게 된다.

요가는 그것을 삼매라 부른다.

호흡의 멈춤으로 육체가 변형된다.

육체가 변형되면 감각이 변형된다.

감각이 변형되면 쿤달리니가 깨어나기 시작한다.

쿤달리니가 깨어나면 의식이 확장된다.

의식의 변형으로 오랜 육체는 마침내 허물을 벗는다.

허물 벗은 육체는 무지갯빛으로 찬란히 빛난다.

이 과정을 앞에서 설명한 차크라를 중심으로 표현하면 이렇습니다.

1. 들숨날숨에 따라 수행자의 의식을 특정한 소리와 빛깔과 형상에 집
   중하도록 한다.

2. 호흡과 함께 자극되는 일곱의 집중점들은 인체의 척추 뒷면에 배열
   된 에너지 센터를 강하게 일깨운다. 마치 바퀴가 점점 세게 돌 듯, 연
   꽃이 부풀어 오르다 신비한 힘으로 회전을 시작하듯 차크라는 소용돌

이친다.

3. 호흡을 가능한 오래 멈추고 특정 에너지 센터로 유입된 에너지를 오라 전체로 순환하게 한다. 매일 정해진 시간 끊임없이 이 과정을 반복한다.

4. 각 차크라는 각 감각기관과 하나로 연결되어 있다. 이제 지상에 매여 있던 오 감각이 차차 변형, 무한히 확장되기 시작한다. 초현실의 세계가 보이고 들리고 열린다.

5. 삼매라는 우주 의식으로 요기는 들어간다.

6. 이제 요기는 대자유, 해탈의 첫 발을 내디뎠다.

그런데, 앞서 신탁을 준비하던 어린 요기들은 자라서 무엇이 되었을까요? 그중에 많은 이들이 어쩌면 리쉬(Rishi)가 되는 것을 소망했을지 모릅니다. 리쉬는 요가의 성자, 그들 가운데서도 비전을 보는 자를 이릅니다. 성자라고 해서 모두 침묵하거나 신비스런 스승이 아닙니다. 리쉬는 대개 우주의 법칙을 볼 수 있는 자, 현자를 의미합니다. 날카롭게 벼려진 초감각을 통해 초의식의 세계를 보게 되며, 그렇게 얻은 비전을 무지의 감옥에서 장님처럼 살아가는 우리들에게 전해 주는 자, 바로 위대한 리쉬들입니다. 보통의 스승보다 훨씬 진화된 존재들이랄까요? 육안이 아닌 영안으로 보는 자라고나 할까요? 아루나찰라산의 유명한 성자, 마하리쉬는 바로 '위대한 보는 자'가 되는 것입니다.

요기들이 마하구루의 세심한 지도 아래 호흡을 수련하면 리쉬들처럼 비전을 보는 것뿐만 아니라, 투시력은 물론 평범한 청력을 넘어선 투청력, 축지법, 유체 이탈, 투명 인간, 새들과 이야기하기, 야수 길들이기, 텔레파시 등이 가능하다고 합니다. 자각몽, 예지몽, 자면서도 의식은 청정하게 깨어 있기, 꿈속에서도 의식의 연속성을 유지하기 등이 호흡과 감각의 수련 결과 일어났습니다. 말하자면 초능력자가 되는 셈입니다. 이때 요가는 한 마디로 평범한 오 감각을 완전히 넘어서는 훈련법이었습니다. 호흡은 바로 그 입구였고, 궁극은 무한 신체, 무한 감각, 무한 의식의 세계였습니다.

태곳적 인류의 어떤 시기, 차원과 차원 사이 경계가 존재하지 않던 무렵에는 사실 그런 일이 별로 어렵지 않았다고 합니다. 칼리 유가 이후 요기들은 더 격렬하고 강인하게 호흡을 통한 구원과 해방을 추구했는지 모릅니다. 사천왕상으로 알려진 호법 신장, 중남미 신전을 지키는 케찰코와틀(깃털 달린 뱀), 머리 세 개 달린 야수들은 바로 그 결계를 지키는 상징적 존재들이었습니다. 일본 만화영화 〈별을 쫓는 아이〉에서 케찰코와틀과 소녀의 우정이 나오는 대목이 있습니다. 다치고 죽어가는 무력한 괴물로 등장하는 신전지기의 모습이 참 애잔했습니다.

그런데 잊어버린 기억의 복원이랄까요? 입증할 순 없으나 전생의 기억이 부르는 듯 자신도 모르게 호흡 수련에 끌리는 요기들이 오늘날에도 무척 많습니다. 몇 번 요가만 해도 감각이 확장되어 초감각의 세계로 진입하기가 쉬운 분들도 있습니다. 물론 그 와중에 충분히 더 나가지도 못하고 돌아오지도 못해 허공중에 갇히거나, 아예 퇴보하는 일도 많이 일어났습니다. 죽거나 미쳐 버리는 사람들도 생겨났고요.

호흡을 억제하고 멈추고 조절하고 소멸시키려던 이 단계에서 요가의 목표는 우리가 아는 상상 그 이상이었습니다. 우리에게 익숙한 오 감각 그 이상의 변형과 확장에 요가의 목표가 놓여 있었던 것입니다. 우리에게 주어진 다섯 감각을 통해 얻어지는 현상계의 무상함을 느끼고 바라보고 소멸시켜 무아에 이르는 것. 이것이 붓다의 초기 가르침 중 극히 일부를 차지하는 가르침이었습니다. 요가는 이에 그치지 않고 주어진 감각, 그 감각이 연출하는 세계 그 이상의 체험을 시도하려는 용감한 도전과도 같은 것입니다. 그것이 바로 요가에서 추구하는 호흡과 감각의 본질적인 관계성이었습니다.

그것이 또한 파탄잘리의 고전 요가의 경전인 『요가수트라』에서 감각을 제어하는 '프라티하라'가 매우 중요한 위치와 단계를 차지하고 있는 이유입니다. 그저 감각을 날카롭게 바라보고 분쇄하고 무상함을 체득하며 텅 빈 충만에 머물러 있거나 끝 모를 적막과 고요의 지경에 편히 머무는 것을 단순히 요가라 부르지는 않았다는 의미인 것입니다.

여기서 다시 한 번, 요가는 스스로 '새로운 육체'를 만들려 한다는 명제가 상기됩니다. '호흡과 감각의 통제를 통한 새로운 육체의 구축', 이것이 당시 요가의 주요 과제였던 것이죠. 이런 요가들을 한데 묶어 부르는 이름이 바로 탄트리즘, 탄트라 요가였습니다.

탄트라와 수트라

교의에 대한 빗나간 해석은
어느 신비 사상의 역사에서도 찾아볼 수 있는 일이다.

— 엘리아데, 「요가: 불멸과 자유」

고대와 중세, 근세 이전까지 요가의 모든 것을 총망라하는 탄트라(확장, 넓히다의 의미. 씨실과 날실을 주조하며 직물을 짜는 데 필요한 도구를 말하기도 한다.), 탄트리즘을 한 번 알아볼까요? 여기선 무엇보다 탄트라의 좌우 이원성의 합일에 견주어 수트라(실. 성스런 경전이라는 의미)의 상하 이원성의 합일을 주의 깊게 봐야 합니다.

당시 힌두 탄트리즘 신학자들은 베다 경전들과 브라만교의 전통을 '현대(당대)'에 부적합한 것으로 간주했다. 말하자면 이제 인간은 우주 순환 사이클 초기에 지녔던 그 정신적 활력과 자발성을 갖고 있지 않기에 '진리'에 직접적으로 접근하는 것이 불가능하며 그러므로 '흐름을 거슬러 올라가야 하고' 그렇게 하기 위해 자신이 타락한 상황에서 겪는 근본적이고 특수한 경험들, 즉 그의 삶의 원천들 그 자체에서 출발해야 한다는 것이다. …

여기서 탄트리즘의 첫 번째 특징이 도출된다. 바로 반(反) 고행적 태도와 반(反) 사변적 태도가 그것이다. … 즉 해탈은 '순수한 자발성'인 것이다. … 탄트리카들은 '사람들은 헛되이 명상으로 해탈을 추구한다.'고도 비판했다. … 좌도 탄트리카들은 또 의례라는 명목으로 술과 고기와 성적 결합을 이용함으로써 시바와 샥티에 동화될 수 있다고 생각한다. 또한 … '완벽은 모든 욕망을 충족시킬 수 있음으로 쉽게 성취될 수 있다.'고 단언한다.

… 교의에 대한 빗나간 해석은 어느 신비 사상의 역사에서도 찾아볼 수 있는 일이다. ─ 엘리아데, 『요가: 불멸과 자유』

탄트라, 즉 소우주와 대우주의 합일이 탄트라의 본래 지향인 것은 수트라와 같지만 그 방법과 길에 있어선 마치 홍해 갈라지듯 좌도와 우도로 나뉘게 되었습니다.

좌도 탄트라는 성적 엑스터시(광란의 제의, 인육을 먹는 카니발적 요소, 술과 육식과 쾌락을 옹호하는 좌도적 탄트라 생활방식 가운데 하나)를 활용하여 깨달음을 추구하는 특성이 강합니다. 반면 수트라적 방법에서는 우도 탄트라의 길, 즉 '신인합일(神人合一)'을 지향하는 본래 고전 요가의 길을 추구했다는 점에서 차이가 있습니다.

탄트리즘, 특히 좌도의 경우는 각 지역의 민간, 토속, 원시적 힘과 결합하여 엄청난 힘을 발휘함으로써 요가의 발전과 전파에 수많은 혼돈을 낳게 되었습니다. 지금도 성적 엑스터시를 요가라고 오해하는 많은 이방인들이 성적 자유와 황홀경을 찾아 인도의 탄트라 아쉬람을 은밀히 때로 노골적으로 찾아다니는 실정입니다. 물질성, 육체성을 중시하는 방향으로 요가의 길이 주로 흘렀다는 점에서 칼리 유가 시기는 지금 인류와 요가가 처한 현실과 매우 흡사하지 않나요?

마히샤라는 한 극악무도한 악마가 세계는 물론 신들의 존재까지 위협했다. '브라흐마'와 제신들은 모두 비슈누와 시바에게 도움을 청했다. 분노로 부풀어 오른 여러 신들은 다 같이 자신들의 에너지를 불의 형태로 토해 냈다. 이 불들이 한데 합쳐져 하나의 화염 구름을 이루었고, 이 구름은 결국 18개의 팔을 가진 '여신'의 형상을 취했다. 그 구름이 바로 괴물 마히샤를 제압하고 단번에 세계를 구해 낸 여신 샥티다. ─위의 책

참으로 심오한 의미가 들어 있는 구절입니다만, 이것을 탄트라에선 관능적 여신, 모성성, 물신숭배와 연결시킴으로써 샥티-쿤달리니 행법을 연마하는 대중적 요가가 급속히 퍼져나가게 되었습니다. 그 결과 요가를

통한 과도한 성적 쾌락의 추구, 본능적 에너지들의 자극이 크게 일어났습니다. 애초의 뜻과 달리, 즉 요가 훈련을 통해 육체를 변형하고 정화시켜 신성한 에너지와 합일하여 더 큰 생명력과 하나가 된다는 취지는 사라지고, 혹세무민의 신통력을 얻는다거나 물질적 이익을 위해서 의도적이고 과도한 호흡 억제를 수련했던 것이죠.

이와 관련된 요가들이 바로 앞서 말씀드린 대로 호흡을 억제하여 쿤달리니 – 샥티(샥티 여신의 에너지, 물질 속 잠재된 우주 에너지)를 끌어올린다는 하타 요가, 차크라, 즉 에너지 센터에 집중하고 이를 적극적으로 자극, 개방하려는 라야 요가, 쿤달리니 요가들의 부흥을 낳게 된 것입니다.

고인 물은 버려야 하고 굳어진 것은 부서져야 하는 것은 진리입니다. 새로운 종교적, 영적, 사회적 운동에는 형식 타파, 우상파괴가 늘 따릅니다. 탄트라는 분명 신분 해방, 인간 해방에 기여한 바가 큽니다.

탄트라 운동에는 당시 브라만 계급, 귀족 남성들 위주의 특권층이 향유하던 수행과 진리의 세계를 범대중적으로 확산한 공로가 있습니다. 요기니들이 당당히 구루의 자격으로 제자들을 이끌며 영적 자각을 주체적으로 이끌 수 있는 기회를 얻었습니다. 하지만 일정 정도 인내력을 요구하는 수련 기간, 정화 기간을 부정하고, 모든 고행의 타파, 경전의 파쇄를 곧 쾌락의 극대화, 인간 해방, 니르바나(대자유, 독존, 해탈. 본래 어원은 '더 이상 호흡하지 않음'이었음)로 직결시키는 오류를 낳고 말았습니다. 지나친 대중 지향성의 결과였다고나 할까요?

지금도 그 요가의 폐해는 가볍지 않습니다. 요가에서 탄트라(밀교) 하면

성적 열락을 통해 깨달음에 이른다는 측면을 과도하게 부각시켜 상업화되는 일이 흔하게 벌어졌습니다. 인도 아쉬람 여기저기에서 비일비재하게 발생하고 있는 추문들이 그것입니다. 구루, 라마 등을 사칭하며 홀로 여행하는 여성들의 주머니와 심신을 탐하는 일도 숱하게 보고되었습니다. 지금도 세상 어딘가에는 현재진행형의 일이기도 합니다.

샥티는 물적 에너지, 시바는 영적 에너지를 표징합니다. 두 신성이 합일하여 이 세계를 구원하는 요가를 출산합니다. 이때 시바와 비슈누, 여러 신들이 샥티 여신에게 보내 주었다는 불은 진리의 빛, 지혜의 세례를 뜻합니다.

새가 한쪽 날개로 날지 못하듯, 개인이 광장 없이 밀실에서만 홀로 숨어 살 수 없듯, 깨달음도 구원도 낱낱의 개인적 작업, 여성성의 복원, 여신성의 회복만으로는 절대 불가합니다. 끊임없이 극단의 세계를 통합하자고 제안하는 탄트리즘 또한 좌로든 우로든 한쪽으로 치우치는 혼돈과 오류를 낳았습니다. 합일의 과학, 요가에서 실상 매우 중요한 지점을 빠트렸기 때문입니다. 좌우만의 합일이 아닌 상하의 합일을 잃어버렸던 것입니다. 상하좌우, 동서남북, 십자가 형태의 네 방향성, 그 십자가의 길을 모든 인간이 분투하며 스스로 합일해 내야 한다는 것, 그것이 본래의 지점으로 회귀하는 과정이라는 것을요. 그리고 그 길을 걷는 동안 무수히 벌어지는 죽음과 탄생과 부활이 바로 요가에서 말하는 궁극적인 육체의 조성이라는 것을 말입니다.

그러므로 이 두 가지, 즉 좌우합일의 길인 탄트라와 상하합일의 길인

—— 고대 이집트에서 유래된 앙크십자가. 영(spirit)을 상징하는 원과 물질을 상징하는 십자가가 하나로 결합됨을 상징한다. 요가에선 푸루샤와 푸르크리티의 결합으로 현상계가 발현된 것을 이에 비유할 수 있다.

수트라가 분리되는 기점, 어쩌면 십자가의 중앙쯤에서 호흡과 감각 변형 요가의 목표 또한 갈라진다고 볼 수 있겠습니다.

　탄트라의 대안으로 부상한 하타 요가에서는 호흡 억제 훈련을 통하여 여러 가지 감각의 변화를 겪게 됩니다. 다시 말하지만 대중들이 몹시 궁금해하고 신비롭게 여기는 요가 행법의 결과가 대개 하타 요가를 통해 드러났던 것입니다. 이렇게 될 때 요기는 '스스로도 스스로를 끝까지 속이기'가 아주 쉬워집니다. 점술사, 마법사, 주술사의 기능에 부합하는 전통적 샤먼으로 쉽게 전락해 버리는 것입니다.

인위적인 호흡 억제 훈련을 꾸준히 하게 되면 한동안 아주 건강해지고 감각이 생생해집니다. 모든 일에 예민해지고 햇빛에 종이가 적당히 건조되어 바삭거리는 것처럼 기분 좋은 육체감이 자주 느껴집니다. 때로 영원한 청년이 된 것처럼 심신이 상쾌하고 기분도 늘 좋은 상태가 유지됩니다. 바로 이것인가! 희열이 찾아들고 홀연 비상과 승천의 예감마저 들 정도입니다.

하지만 시간이 흐르면서 호흡 억제로 열린 크고 작은 무수한 차크라들을 통해 다층 건물 같은 개인의 오라 안으로 갖가지 것들이 드나들 가능성이 높아집니다. 고귀하고 성스런 존재들에 귀의하거나, 올바른 스승의 인도가 선행되지 않고는 말입니다. 그런 보호 장비 없이 호흡과 감각의 계발을 도모하는 요가들은 아주 위험한 수행법이 아닐 수 없습니다.

열린 오라의 구멍 사이사이로 죽은 영(死靈), 생령(生靈), 각종 동물과 미세 생명체들의 집단 에너지가 무시로 출입하게 됩니다. 그러다 보면 때로 의식의 트랜스 상태 가운데 앞날을 예언하기도 하고 병을 고치기도 합니다. 급속도로 성적 욕망이 증대되기도 하고 성감도 강렬해집니다. 그러나 그 일을 하는 주체는 점점 자기 자신이 아니게 됩니다. 정체를 알 수 없는 집단령, 주로 사령(邪靈)들의 지배를 받는 존재로 요기는 전락합니다. 빙의란 이를 말함입니다.

하지만 대중들조차 그에 속기 일쑤입니다. 점점 빙의된 요기를 일러 위대한 구루라 섬기고 온갖 금은보화를 갖다 바칩니다. 구루가 아닌 사이비

교주가 되어 버린 타락한 존재에게 절도 하고 기도도 하고 극진히 모시게 되죠. 그런 이들을 일러 '낮은 차원의 심령가'로 요가에선 분류합니다. 그런 심령가들에게 사람들은 중요한 일이든 사소한 일이든 사사건건 의논하고 의존합니다. 이제 요기는 구루(첼라, 요가 제자의 업을 소멸해 주는 자)가 아니라 본격적인 샤먼으로 변질됩니다.

이렇듯 요가의 비밀스런 전승은 준비 안 된 자들에겐 마치 어린아이에게 성냥갑을 쥐어 준 것처럼 위험천만한 일입니다. 그 결과는 동서고금 세계 도처에서 예부터 지금까지 벌어졌고 벌어지고 있습니다. 그곳이 거룩한 사원이든 동굴 속이든 굿판에서든 말입니다.

반면 요가의 성전(聖典) 『요가수트라』의 저자로 알려진 파탄잘리의 고전 요가에선 호흡 억제에 관한 기법이나 신통력에 이르는 호흡과 감각 변형의 방법이 전혀 제시되지 않습니다. 오직 미세한 호흡, 생명 에너지, 즉 프라나의 순수성을 강조합니다. 정화와 순수함, 무엇보다 야마와 니야마라 부르는 열 가지 계율의 철저한 준수, 주로 미덕의 완성, 인격의 도야, 단순하고 고요하며 집중된 삶, 명상과 봉사, 선행의 실천(불교식으로 말하자면 보리행, 보살심, 바라밀, 대승의 길)을 요가의 길로 강조합니다.

탄트라의 어두운 측면만을 계승한 것 같은 대개의 현대 요가와 대비되는 고전 요가를 일러 라자 요가라고 합니다. 파탄잘리의 고전 요가경 『요가수트라』에 근거한 요가가 바로 라자 요가입니다. 8단계의 요가 훈련 과정이 명시되어 있어서 아스탕가(8개의 나뭇가지라는 뜻) 요가라고도 부릅니다. 라자(Raja)는 '왕', '궁극의', '최고의'라는 의미입니다. 이 라자 요가의 동의어가 곧 삼매(사마디, 초집중, 초의식 명상)이기도 합니다. '요가=명상=라자 요가=삼매'인 고전 요가의 세계에선 호흡과 감각과 의식은 인간이 다양한 차원의 세계, 다차원 존재들과 '올바로' 관계 맺는 방식일 뿐입니다.

서구 사회에서 정신분석 요가, 동양에선 명상 요가로 부르는 것이 바로 라자 요가입니다. 사실 이 고전 요가의 길은 오늘날 대개의 요가인들이 잃어버린 원래 요가의 얼굴에 가장 가깝습니다. 가장 오래되었지만 가장 낯설고 새로운 요가의 길, 라자 요가의 세계입니다. 오늘날 인류에게 반드시 필요하지만 가장 인기 없는 요가의 길입니다. 인격의 완성이 가장 먼저 전제가 되니 말입니다. 그 길을 일러 수트라의 길, 좌와 우의 합일이 아니라 하가 상으로 흡수통일되는 우도 탄트라의 길이라 합니다. 그렇게 되면 경전의 해석에 따라 이제껏 많은 인류가 매달렸던 호흡과 감각 훈련법 역시 라자 요가의 관점에 따라서 완전히 새로이 해석, 적용되어야 합니다.

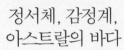

정서체, 감정계,
아스트랄의 바다

요가에서 감정과 욕망의 문제는
결코 개인적으로 분리된 것이 아닙니다.
원자에서 세포, 인간, 지구라는 행성, 그리고 태양계에 이르기까지
홀로 존재하는 것은 아무것도 없습니다.

지금까지 음식으로 거친 몸을, 호흡으로 프라나의 몸을 생성하는 과정에서 인류가 수련했던 호흡과 감각의 요가를 알아봤습니다. 끝으로 '오래된 미래의 요가로서 라자 요가'를 잠시 소개했습니다. 요가의 갈래를 제법 많이 알아본 것 같습니다. 이제 감정의 세계, 그리고 박티 요가입니다.

사춘기 무렵의 두드러진 특성이라면 감정의 기복, 분출하는 자의식, 2차 성징의 출현, 이런 단어들일 겁니다. 성장한 인류의 의식에 최초로 일어난 커다란 변화 또한 이원의 세계에 대한 자각과 인식이었을 겁니다.

처음엔 무척 두렵고 혼돈스러웠을 겁니다. 하지만 축하할 일입니다. 인류에게 드디어 '감정과 욕망'을 에너지원으로 한 새로운 그릇이 본격적으로 만들어질 때가 온 것이니까요. 모든 성인식은 축복이자 고통입니다. 변화는 그 자체 스트레스이면서 반전의 계기가 됩니다. 인류는 이제 혼돈과 열정의 시기에 들어선 겁니다.

요가에서 감정과 욕망의 문제는 결코 개인적으로 분리된 것이 아닙니다. 원자에서 세포, 인간, 지구라는 행성, 그리고 태양계에 이르기까지 홀로 존재하는 것은 아무것도 없습니다. 감정의 세계 또한 그렇습니다. 우리가 겪는 감정의 늪 역시 자기 혼자만의 힘으로 빠져나오기란 거의 불가능에 가깝다는 것을 겪어 보면 알 수 있습니다. 이제 박티 요가의 탄생은 초개인적, 집단적 감정의 발달과 분화를 위한 인류 공통의 보편적 프로그램이었음을 알아볼 차례입니다. 여기 어쩌면 현재 인류의 고질적 증세인 우울과 무기력의 늪에서 탈출할 수 있는 처방이 담겨 있을지 모릅니다.

감정을 느낄 때, 특히 사랑과 고통을 예리하게 느낄 때 사람들은 대개 심장을 쥐어 잡거나 가리킵니다. 피가 거꾸로 솟는다거나 온몸이 물기로 가득하다고도 말합니다. 그러면 그 감정의 세계는 어디에 있고 또 어디에서 오는 것일까요? 감정의 정체를 탐구하다 보면 감정의 과학을 만나게 됩니다. 이는 현재 인류에게 꼭 필요한 학습 과정입니다.

앞서 프라나의 세계를 물과 스펀지에 비유했는데 과연 스펀지에 스며든 해수의 구성 성분은 무엇으로 되어 있을까요? 물론 여기엔 개인차와 그룹차가 뚜렷이 있습니다. 좋아하는 사람과 숲에 가서 함께 호흡할 때,

처음으로 둘만의 가슴과 가슴을 마주할 때, 심장이 터질 듯하면서 서로의 교감이 폭발적으로 발생합니다. 우리가 머무는 대기 중에도 이와 같은 일이 똑같이 매순간 일어납니다.

현재 인류의 프라나 그릇을 85% 이상 채우고 있는 것은 바로 정서체, 감정체라고 합니다. 그 에너지의 원천을 이루는 거대한 정서의 세계를 정서계라고 부르며, 영어로는 아스트랄체, 아스트랄계라고 합니다. 개인을 구성하는 정서적 입자들은 각자의 정서체를 이룹니다. 비유적인 표현이지만 각자의 정서체를 드러내는 개성은 주로 컬러를 통해 나타납니다. 사람마다 각자의 개성이 다르다, 즉 컬러가 다르다는 표현은 실상 각 개인이 뿜어내는 에너지 컬러들과 무관하지 않습니다.

이들은 분명 실제로 존재하는 미세한 물질의 차원이며 개개인의 오라 전체를 장악하다시피 한 강력한 존재의 차원계입니다. 이 감정계는 흔히 바다, 강, 그리고 늪에 비유되곤 합니다. 상심의 바다라거나 감정의 늪, 실연의 강 등 사람들이 무의식 중에 사용하는 언어에는 요가의 원리들이 이처럼 많이 들어 있습니다.

'사람이 좀 끈적끈적해'라거나 아니면 '투명해', '담백해' 등의 표현에는 뭔가 물을 소재로 한 감각적 인식이 배어 있습니다. 어떤 수행 체계에서는 어둠의 에너지를 시각화할 때 끈끈하게 들러붙은 검은 코울타르에 비유하기도 합니다.

멀쩡하다가도 어떤 특정한 장소에 가면 기분이 나빠집니다. 지하 공연장에서 신나게 음악을 즐기다가도 지상으로 올라오면 우울해지는 일이 자주 있습니다. 일상의 모든 그런 세세한 기억은 밤이 되면 일정한 감정의 악취나 향기로 변해 침대 속으로 찾아들게 됩니다. 감정계는 우리 주위에 미세한 감정 알갱이들로 마치 안개처럼 바짝 포진해 있습니다. 그것이 매일 밤마다 대개 우리들의 꿈을 지배하곤 합니다. 의식적인 잠과 꿈의 훈련은 그래서 매우 중요합니다. 누구와 자느냐, 잠자기 전 무엇을 생각하고 먹고 마시고 했느냐도 참 중요합니다. 요즘 반려견, 반려묘와 자는 것이 대유행입니다. 이 또한, 서로를 위해 한 번 잘 생각해 봐야 할 일입니다. 인간 의식과 동물 의식의 중첩은 자칫 의외의 불행을 낳기도 하니까요.

또 아침엔 기분이 괜찮다가도 사람이 많이 모인 장소에서 오후 내내 시달리다 오면 그저 '너무 피곤해!'라고 하겠지만 예민한 사람들은 한 발 더 나갑니다. 두통, 메스꺼움, 심지어 심리적인 절망감까지 호소하기도 합니다. 정서체를 구성하는 입자들은 미세한 진동이나 색깔, 소리 등으로 각자의 에너지를 좌우합니다. 마구 흔들어 대기도 하고 아프게도 하고 말이지요. 반면 어떤 장소, 어떤 사람을 보면 병이 다 낫는 것 같고 마음이 시원해집니다. 괜히 희망이 넘실거리고 낙관이 밀물처럼 찾아듭니다.

이 모두 각자의 정서체가 밖으로 방사(emanation)되고 서로서로 치밀하게 엉기는 까닭입니다. 여자들의 육감, 아티스트의 미친 직관력 같은 것들 또한 그들을 둘러싼 감정계의 특성을 반영할 따름입니다. 인간을 그래서 감정의 동물이라 자주 부르곤 했나 봅니다. 하지만 거기서 머물면 인간은 그저 감정의 노예일 뿐이겠죠.

박티 요가의
현대적 의의

박티 요가는 사랑이다.
사랑에 빠지는 것이다.

— 크리슈나 다스

박티 요가는 바로 지금까지 인류 대부분을 좌지우지하는 감정계 에너지와 개인별 정서체들을 잘 조절하고 정화시키며 잘 수련하기 위해 특별히 주어진 훈련법입니다. '참을 인(忍)자 세 번을 되뇌면 살인을 면한다'거나, '마음을 다스린다', '일체가 마음이 문제다'라고 할 때 대개는 감정의 문제를 말하고 있습니다. 우선 이 혼잡한 마음인 감정체부터 잘 다스려야 다음 단계의 발전이 가능한 까닭이겠죠. 쑥대머리와도 같은 어수선한 마음은 뒤에 다루게 될 라자 요가의 대상이 되는 마음과 다소 다릅니다. 이 둘을 구별하기 위해 앞으로는 이 마음을 감정의 마음, 감각의 마음이라 부르겠습니다.

박티의 시작은 원시 신앙의 발아 과정과 긴밀히 맞닿아 있습니다. 아직 지성이 충분히 발달하지 못한 인류에게 이원적 세계에서 겪는 격렬한 경험은 늘 숨 막히는 공포로 압도되었을 것입니다. 의식 깊이 가라앉은 초조와 불안의 기류 속을 낮이나 밤이나 둥둥 떠다녀야 했을 것입니다. 헤세의 소설 『데미안』에서 주인공 싱클레어가 청소년기에 들어서 제일 먼저 느끼는 극심한 혼란은 바로 완전한 줄 알았던 빛과 선의 세계, 그 이면의 얼굴을 목도했기 때문이었지요.

빛과 어둠, 해와 달, 낮과 밤, 고와 낙, 애착과 증오의 경험이 무수히 누적되면서 스스로도 알 수 없는 운명이 지속적으로 펼쳐졌고, 이때 인류는 가까이는 무리지어 함께 지내는 집단, 대상이 되는 자연, 어떤 위대한 힘에 대한 두려움과 공포의 시대를 거치게 됩니다.

이 무렵 인류에게 전승되고 훈련되었던 요가가 바로 '박티', '신에 대한 헌신'이란 의미의 요가입니다. 이는 한 마디로 가슴의 길입니다. 사랑과 희생, 기도와 헌신의 나날을 지향하는 요가입니다. 이는 모든 현대 종교의 원류이며 모든 개인적, 집단적, 헌신, 경배, 숭앙의 길입니다.

박티 요가는 본디 우주적 생명을 담지하는 일자(一者, The One), 전지전능자, 만물의 이면에 존재하는 가없는 생명력, 보편적이고 포괄적이며 전체적인 존재 모두에 대한 사랑, 헌신, 희생을 추구하는 길이었습니다. 이를 통해 자비와 사랑의 에너지가 인류 형제, 나아가 지구 전 존재, 모든

── 박티 요가는 심장, 가슴, 사랑이 가장 큰 상징이다. 불타오르는 붉은 하트로 상징되는 신애(神愛)의 길은 인류 보편의 자비, 연민, 희생과 사랑을 낳았으며 인류의 보편적 감정을 순화시키고 고양시키는 데 크게 기여했다.

생명 있는 것에게로 확산되는 심장의 길을 추구합니다. 우선은 일자인 신에 대한 숭앙, 다음엔 전 생명에 대한 연민과 자비로 확산되는 그런 의식 상승과 평등, 자애의 길이었습니다. 하지만 기독교의 유일신, 인격신 사상과 뚜렷이 다른 점은 박티의 길은 모든 삼라만상, 범신론에 가까운 입장이라는 것입니다. 이 지점이 요가의 유신론과 서구의 유신론의 뚜렷한 차별점입니다.

그러므로 이때 헌신의 대상인 신은 어떤 종파적이고 민족적이며 분파적인 신이 아닙니다. 모든 존재하는 생명 안에서 신성을 발견하면서 엎드려 존중하고 자애하는 것, 그 하나만으로도 마음의 바다는 한결 잔잔해진다는 것이 박티 요가의 수련 방식입니다. 그렇기 때문에 그 대상이 무엇인가는 그리 중요하지 않았습니다. 인연에 따라, 끌림에 따라 온 마음을 바칠 뿐입니다. 또한 자신의 믿음을 드러내고 과시하려는 자세가 아니라 소박한 의례 하나에도 온 마음과 정성을 바칠 뿐입니다. 성서에 나오는 과부가 헌금을 바치듯 간절하고 절실하고 순전하게 경배를 올리라는 것이 박티 요가의 요지입니다. 이런 가르침은 동서고금의 우화, 신화, 고전, 민담, 어디에나 등장하는 원형적 이야기들이기도 합니다.

인류 역사에 박티의 전통은 연면히 이어지고 확산, 변형되어 오늘날 각종 세계의 종교를 낳았습니다. 옛부터 내려오는 사원과 성직자와 제례와 의식, 숱한 신화 속 사건들이 2천 년 동안 이어지며 상징으로 자리 잡도록 하였습니다. 사실 마음 깊은 곳의 불안을 달래는 데에 돈독한 신심만큼 좋은 처방은 없었을 테니까요.

한때는 인신공양, 희생양, 주술적 제사 등의 풍속이 인류의 박티적 추구에 큰 폐해를 가져오기도 했고, 세속 종교와 본질적 믿음 사이의 혼란과 방황은 지금의 인류에게도 여전히 진행 중인 논제입니다. 그리움에 젖어 바라보는 숭고한 대상이 반응을 보이고(신과의 교감) 가슴 속에 뚜렷이 자리 잡으면 그 무엇도 대신할 수 없는 충만감과 안도감에 사로잡히게 되지만(신적 황홀감), 막상 그 대상이 '자신이 만들고 키운' 괴물로 변했을 때의 비탄과 불행감은 그 무엇도 대신할 수 없는 일탈과 타락으로 이어지기

—— 수피 춤. 황홀경에 잠긴 신비가의 모습. 그들을 보면 언제나 신에 대한 사랑으로 곧 녹아내릴 것만 같다.

도 하죠(성자들의 타락). 이 과정은 각 개인이 겪는 에로스적 사랑, 센티멘탈한 사랑의 기승전결 과정과 놀라울 만큼 흡사합니다.

저의 견해로는 세상에서 가장 행복한 이들이 바로 박티 요기들이 아닌가 합니다. 어떤 현대 요가보다 치유의 은사가 넘쳐흐릅니다. 인도에 가면 북을 두드리며 시타를 연주하며 빙빙 도는 춤과 노래와 황홀경에 빠진 박티들이 보입니다. 흰 옷을 입고 빙글빙글 도는 이슬람 수피들의 춤도, 신성한 주문인 만트라를 외며 절을 하는 요기들도 그와 유사합니다. 헤아릴 길 없는 황홀경 속, 그들의 몽혼한 표정과 주위에 뿜어내는 진동이며 파장들은 정말 놀라울 정도로 순도 높고 아름다운 느낌을 주곤 합니다.

'일곱 개의 별 이야기'란 아름답고 신비스런 러시아 민화가 있습니다.

지독한 가뭄이 든 옛날 러시아의 한 마을, 소냐라는 어린 딸이 목이 타서 바싹 말라 버린 어머니를 구하려고 초라한 나무 국자를 들고 길을 나선다는 이야기입니다. 지역에 따라 북두칠성 민담이라고도 전해집니다.

소냐는 위독한 어머니를 위한 생명의 물을 찾아 지난한 고행의 길을 걷습니다. 천신만고 끝에 생명의 물을 간신히 찾았습니다. 그러나 집으로 돌아가는 소냐의 물은 고비고비마다 더 가엾고 불쌍한 존재들에게 조금씩 덜어 다 나눠지게 됩니다. 줄줄 새는 나무 국자, 빈 양동이, 기진맥진한 소냐…. 하지만 그 자비 넘치는 행동으로 인해 소냐는 도리어 큰 축복을 받게 됩니다. 물은 퍼내면 퍼낼수록 초라한 나무 국자 안에 다시 그득그득 담기게 됩니다. 소냐는 어머니의 병을 낫게 함은 물론 마을 사람들의 기갈까지 모두 구하게 됩니다.

거기서 끝나지 않고 소냐의 나무 국자는 변형되기 시작합니다. 나무에서 은으로, 은에서 금으로, 금에서 영원히 마르지 않는 일곱 다이아몬드가 점점이 박힌 찬란한 보석 국자로 말입니다. 이윽고 일곱 개의 다이아몬드는 밤하늘의 빛나는 일곱 개의 별이 되어 하늘로 올라가고 소냐의 나무 국자는 마을 사람들에게 언제나 맑고 깨끗한 물을 선사하는 영원한 생명의 국자가 되었다는 줄거리입니다. 소냐의 작은 여정은 엄마를 위한 희생에서 비롯되지만 결국 온 세상을 구하게 됩니다.

본래 감정의 고통을 극복하기 위해서는 바로 그 용암처럼 끓어오르는 감정을 잊어야만 한다고 하죠. 마음의 고통으로 죽을 것만큼 힘들 때 사람들은 대개 자신을 그 감정과 동일시하게 마련입니다. 극단적인 선택을 하기도 합니다. 그런데 박티의 길은 작은 감정덩어리인 자신을 어서 잊고 더 큰 대상, 더 가여운 연민의 대상에게 자신을 쏟아 부으라고 우리에게 조언합니다. 그럴 때만이 자신을 괴롭히던 감정의 에너지가 자신의 제한된 감정계를 탈출하여 말끔하게 정화된다는 것입니다. 인류 기록의 전당에는 지금도 소냐의 이야기와 같은 숱한 감동의 실화들이 심금을 울리며 살아 존재합니다.

하지만 이는 너무도 이상적인 길입니다. 지루한 일상을 저버리지 못하고 주어진 책임을 하나하나 완수해야 하는 현대 도시 사회 속 인간 군상들에게, 순박한 어머니들처럼 정화수를 떠 놓고 빌거나 순수한 어린 행자들처럼 신성한 주문을 되뇌는 일 또한 그리 쉬운 일이 아닙니다. 그래서 박티의 첫 단추는 감정적 마음을 바라다보는 데서 첫 발을 떼어야 하는지 모릅니다. 감정을 분석하고 해체하는 기법 또한 필요합니다. 어쩌면 현대를 살아가는 사람이라면 누구나 해야 하는 요가의 주요 과제가 바로 이것입니다. 어떻게 감정의 늪에서 익사하지 않고 탈출할 것인가?

어쩌다 생각하는
갈대가 되었을까?

다르마(요가의 진리)가 땅에 떨어질 때마다
나는 다시 다르마를 세우려 현현하노라.
— 『바가바드 기타』

쑥스러운 이야기지만 어린 시절부터 글을 곧잘 썼습니다. 초등학교에서
중학교 때까지, 당시엔 학교마다 백일장이란 것이 있었죠. 초등학교 2학
년 때 금붕어에 관한 동시를 써서 큰 상을 받은 이후 내내 문예반에 학교
신문에 교지 편집에 어린 시절부터 종사했었죠. 또 글만 썼다 하면 큰 상
을 받고 전국 단위에서 큰 상금까지 받기도 했습니다. 한때는 산문 운문
가릴 것 없이 글로 한 시절을 풍미했다는 표현이 당시 저의 세계에서는
딱 맞을 정도였습니다.

그런데 17세 무렵, 그러니까 여고생이 막 되어서였죠. 갑자기 철학이라는 놀라운 세계가 무한정 펼쳐져 있다는 것을 도서관 책들 사이에서 발견하게 되었습니다. 시와 소설, 대학 입시며 학교 성적 따윈 단숨에 날려 버렸죠. 밤낮 없이 도서관에 가서 갖가지 철학책들을 섭렵했습니다. 당시 푹 빠진 것은 실존철학, 그리고 고대 그리스의 철학자들이었습니다. 마치 고향 사람을 만난 것처럼 즐거웠고 익숙했으며 그립기까지 했습니다.

그런 시간들이 몇 달쯤 흐른 후였습니다. 고교생이 되어 처음 나간 모 대학교 국문과 주최 봄 백일장에서 생애 처음으로 낙선의 고배를 마셨습니다. 큰 충격이었습니다. 글이 너무 관념적이고 현학적이다, 심지어 글에 생명력이 없고 소녀다움이 없으며 지나치게 엄숙하다, 매우 염세적이며 허무주의적이고 비관적이다 등의 평가들이 이어졌습니다.

쏟아지는 내외의 혹평 속에 글쓰기 영재 시절은 홀연 막을 내렸습니다. 저 대신 다른 문예반 동료가 장원을 차지하였고, 그 친구는 대학 전액 장학금까지 받았는데, 어린 시절 오빠와의 추억을 낡은 사진 앨범을 소재로 잔잔하게 풀어 쓴 따스하고 감동적인 글이었습니다. 어른들에겐 굉장한 칭찬을 받은 글이었지만, 사실 당시 제 눈엔 그것이 몹시도 유치하고 사소했으며 무가치하게 여겨졌습니다. 그리고 즉각 어린 문인의 길은 포기해 버렸습니다. 아마 그때부터 내면으로는 표표히 은수자(hermit)의 길을 추구하기 시작했던 것 같습니다.

저는 그 무렵, 항상 감정의 정체, 그리고 복잡한 이 삶의 이면이 궁금했었는데, 철학에 관심을 갖게 된 것은 실은 그보다 일찍 중학교 도서관에서 처음으로 '인식', '인식욕'이란 단어를 발견했을 때였습니다. 그 단어를 처음 접한 것은 중학교 2학년 국어 시간, 어린 여학생에게 추상적 인식의 세계를 최초로 알려 준 사람은 바로 '전혜린'이란 요절한 수필가, 실은 니체, 미겔 데 우나무노로 대표되는 생(生) 철학의 추종자들이었습니다.

최초의 내적 스승은 그러므로 제게 전혜린이었던 셈. 그로 인해 잘 나가던 문학소녀로서 탄탄대로는 망쳐 버렸지만, 그리고 철학에 계속 빠져들다 윤리 교사까지 지내게 되었고 지금도 작은 요가 학교를 근근이 운영하고 있지만 조금도 후회는 없습니다. 지금도 이 글이 관념적이고 현학적인 단점을 지닐 것이라 분명 우려됩니다만, 그 역시 어쩔 수 없는 저의 한계라 받아들입니다. 평범한 사람들의 소박한 일상을 잔잔히 응시하고 살아 있는 언어로 잘 빚어내는 재주를 찬탄하고 인정하며 그것이 훨씬 더좋은 글이라 여깁니다만, 저는 도무지 그럴 수가 없었고 지금도 그러하지요. 박경리 선생처럼 '소설의 목적은 사회에 봉사하는 것'이라거나, 이승의 삶을 절실히 그려 냄으로써 더 크고 확장된 빛을 세상에 반사하는 일역시 구도의 길이며 수행임을 모르는 것은 아닙니다만, 저는 언제나 더시급한 궁금증이 있었습니다.

사람들의 저 들끓는 열정, 욕망과 갈등, 감성의 세계 그 이면에 있는 것은 대체 뭘까? 저 충동과 의지의 정체는 뭘까? 우리는 모두 누구인가? 우리는 대체 어디서 왔고 어디로 가는 것일까? 죽음 이후 세상은 있을까, 없을까? 지구를 저 멀리서 보면 어떤 느낌일까? 태양은 정말 뜨거울까? 하늘빛이 바래 어떤 순간 잠시 보이는 저 투명하고 하얀 백광의 태양은 지금 어떤 기분에 잠겨 있을까? 내가 어려서 만난 어떤 존재의 기억은 사람의 영혼이었을까, 꿈이었을까? 어릴 적부터 가족들의 사건 사고를 예지한 일이 수두룩한데 그것은 또 왜일까? 텔레파시라는 단어를 들으면 나는 왜 항상 가슴이 뛸까? 어떤 시간과 장소는 왜 아주 익숙하고 어떤 시공에 가면 왜 불쾌하고 고통스러울까? 나는 왜 줄곧 자주 생시처럼 선명한 꿈을 꾸곤 했을까? 윌리엄 블레이크의 나선형 계단이 나오는 꿈을 열 번도 넘게 꾸다가 어느 날 그런 그림이 실재했음을 확인하고 소스라치게 놀랐던 이유는 뭘까? 〈황무지〉를 지은 시인 T. S. 엘리엇의 나선형 계단과 블레이크의 나선형 계단 사이 유비점과 상관성은 과연 뭘까? 집중해서 책을 읽다 깜박 잠이 들면 방금 읽던 책의 내용이 꿈속에서 내내 계속 되는 일이 자주 있는데 그때 책을 계속 읽는 이는 또 누구인가? 이 의식의 새로운 현상들은 뭐라 해명할 수 있을까? 눈을 감으면 자연 속에서 한 번도 보지 않았던 빛깔들이 시시때때로 현현한다. 너무도 아름답고 황홀하여 눈을 뜨고 싶지 않다. 이건 과연 또 어떤 현상일까? 외출만 하면 우연히 한두 사람 이상 지인을 너무나 빈번하게 마주치게 된다. 10년 만에든 두어 달 만에든, 좋은 이든 싫은 이든 가릴 것 없이…. 이것도 다 우연인가?

그때의 질문 많던 저와 같이 인류의 의식 단계, 그리고 인류의 요가 또한 바야흐로 막 청년기의 입구에 이르렀다 합니다. 열다섯에서 열일곱까지를 맞이한 인류랄까요? 그런 우리들에게 가장 시급하고 필요한 요가의 길은 과연 무엇일까요? 하타와 쿤달리니, 탄트라, 라야, 박티를 지나 얼마간 준비된 이들에게 건네진 요가의 모습은 의외로 가장 오래된 미래의 요가입니다. 앞서 잠시 언급한 고전 요가, 라자 요가, 명상 요가, 삼매를 추구하는 요가 말입니다.

고전 요가를 집대성한 요가의 성자, 파탄잘리(하늘에서 떨어진 것을 두 손에 받아 안는다는 뜻)의 생몰 연대는 일이만 년 전도 훌쩍 넘는 시기로 추정됩니다. 그렇다면 고전 요가는 진작에 잊힌 요가인 것일까요? 미래의 요가라면서 가장 오래된 요가라는 역설이 바로 여기서 생겨납니다. 그동안 우리는 지난 이천 년 동안 이미 지나가 버린, 고전 요가보다 한참 더 오래된 태곳적 요가들만 무심코 반복한 것은 아니었을까요? 다시 말해 고대며 중세 때에도 오늘날처럼 당대 요가의 흐름, 즉 신체 조형적이고 물질 우선적인 요가들이 다수를 지배했던 것이었을까요? 그래서 『요가수트라』와 아울러 요가의 양대 성전(聖典)인 『바가바드 기타』에선 '다르마(요가의 진리)가 땅에 떨어질 때마다 나는 다시 다르마를 세우려 현현하노라'고 크리슈나가 천명하곤 하였던 것은 아니었을까 짐작해 보곤 합니다.

SF 영화 속 유리 비커에 뇌만 담긴 악당이 출현하여 맹활약하는 장면을 볼 때, 인간 상상의 스펙트럼은 과연 어디까지일까 깜짝 놀라게 됩니다. 영화 〈매트릭스〉의 시대가 그리 멀지 않은 것 같습니다. 인류 종말의 묵시록들이 더 이상 비현실적이지 않습니다. 이제 바야흐로 뇌가 중요한 시대, 두뇌의 요가에 대해 알아 볼 때입니다. 인간 두뇌와 인공두뇌 간의 격돌, 요가와 그리 먼 이야기는 아닌 것 같습니다.

영원한 현재의 요가,
고전 요가의 길

꽃 한 송이를 쓰다듬어 봐,
별들이 기뻐할 테니….
　　－「장미의 부름」 중에서

'영원한 한여름의 청년', '상하(常夏)의 시대', 인류의 청년기, 그 푸른 시절이 바야흐로 막 시작되고 있습니다. 곰곰 생각해 보세요. 현재의 명료한 의식은 거친 몸의 나이와 관계없이 늘 푸른 열일곱입니다. 물론 깨어 있는 의식이라야 그런 지각이 가능하겠지만요. 거친 몸도 느린 맥박과 호흡도 시든 감정들도 어쩔 수 없는, 건드릴 수 없는 쌩쌩하고 불 켜진 의식을 혹 경험해 보셨나요?

왕성한 인식욕, 날렵한 총명함과 같은 단어들이 인류의 현재와 바로 접속 가능하다면 인류의 청춘기는 그야말로 축복일 것입니다. 그런 젊음의 시대라면 분명 용기와 지혜, 건강한 활력과 깊은 내면의 성숙이 사뭇 기대됩니다. 그런 총기와 활력이 가득한 인류의 모습을 저는 이따금 꿈꾸어 봅니다. 물리적 나이로서의 젊음이 아니라 싱그러운 활력을 가득 안고 살아가는 온갖 생명체들의 아름다움, 싱싱함, 푸르름, 그리고 그와 함께 피어나는 꽃처럼 아름다운 제각기의 모습들, 알찬 열매를 맺기 위한 여름과 초가을의 분투, 태양과 별과 온 우주가 지켜보는 가운데 성장하는 생명의 노래들, 언젠가 새벽하늘에 우렁차게 울려 퍼질 '천상의 합창', 그 소리와 함께 밝아 오는 인류의 진정한 새벽!

판타지나 몽상 같은 이야기라고요? 하지만 인류 공통의 뇌리에는 항상 그와 비슷한 희망의 편린들이 깃들어 있었습니다. 유토피아, 샹그릴라, 이어도, 무릉도원 등의 비전은 마치 원형처럼 연면히 전승되어 왔습니다. 그런 꿈은 요가의 세계에서도 늘 존속되어 왔습니다.

위대한 깨달음의 성취(목샤)를 바라거나 영원히 빛나는 독존에 머무는 것(카이발랴), 우리는 모두 신의 한 부분(이쉬바라)이며, 우리는 현재의 나를 넘어선 순수의식 속의 존재(푸루샤)라는 것, 하얀 빛의 도시인 샴발라에 이르고자 하는 여정(삼부) 등과 같은 꿈들이 실은 우리가 지금, 여기 현생에 머무는 원인이자 이유입니다. 그리고 쿠마라! 요가에서 궁극의 꿈은 '쿠마라'라는 수수께끼 같은 언어로 요기들에게 늘 제시되곤 했습니다.

쿠마라라는 말의 본 의미는 동자승으로, 역시 늘 푸른 청춘기를 지칭했습니다. 요가의 길, 궁극은 우리 모두가 쿠마라가 되는 것입니다. 물질 차원의 해석으로 쿠마라는 16~17세의 동자승을 의미하지만, 요가 차원에서는 영원불멸 신적 존재가 되기 위한 인간의 웅대한 목표를 제시해 주는 말이기도 합니다.

지금까지 함께 알아본 바대로 거친 몸과 감각과 호흡과 감정의 발달을 통한 조화로운 성숙과 함께 청년기에 반드시 필요한 성장의 과제는 왕성한 지성의 연마입니다.

요가에서 지성은 추론적이고 분석적인 사유 작용, 즉 사변적이고 관념적인 차원(낮은 수준의 지성)과 통합적이고 직관적인 차원(높은 수준의 지성)으로 나누어집니다. 앞의 것을 이론지, 분별지라 하고 뒤의 것을 직접지, 직관지라 부릅니다. 직접지, 직관지는 '신성한 지혜(즈냐냐, 브라흐마 비드야)' 등으로 부르기도 합니다. 하지만 요가가 높은 차원의 지성을 강조한다고 하여 나머지 것을 배척하진 않습니다. 개별 인간들 역시 각자 처한 입장과 필요한 단계와 상황에 따라 가열차게 발달하고 있는 중이니까요.

거친 물리적 세상에서 보다 지성적인 삶을 살아가려면 기본적인 이론, 탐구 작업, 분별력 들을 우선적으로 계발해야 합니다. 그 증거 중의 하나가 르네상스나 각종 개혁, 혁명, 공교육의 탄생과 확장이었습니다. 또 그래야만 영적 구도자들, 수행자들이 현대인들에게 당당히 과학 너머 수준 높은 영성을 제시할 수 있을 테니 말입니다. 제가 가장 존경하는 영성가이자 고전 요가 경전의 뛰어난 해설가이며 저작자인 앨리스 베일리의 『지성에서 직관으로』라는 저서의 제목은 이런 요가를 바라는 시대적 요구에 적절한 지침이 됩니다.

사춘기를 막 지난 한 존재를 떠올려 봅니다. 이제 몸도 얼마간 자랐고 자신도 모르게 매순간 감각을 통해 자신을 둘러싼 세계를 인식하고 감지하는 능력도 갖추었으니 비로소 나라고 하는 자각도 생기고 관계에서 오는 다양한 자극과 반응도 다채로운 감정의 경험이라는 이름으로 형성되기 시작합니다. 사춘기는 그러나 감정의 격랑기만은 꼭 아니어서, 장차 이번 한 생에서 과연 무엇을 할 것인가, 씨앗이 발아되고 드러나는 매우 중요한 시기이기도 합니다.

감수성과 관련된 재능은 비교적 일찍 발달한다고 합니다. 모차르트를 필두로 여러 예술계 신동들이 아주 어릴 적부터 발굴되는 까닭입니다. 반면 지성적 작업과 관련된 언어, 수리, 과학 영역의 자질은 꽃 피는 시기가 좀 다르다고 합니다. 십대 중반, 16~17세 무렵 비로소 지적 작업에 깊이 몰두하는 영재들이 출현한다고 해요. 그래서 유럽의 11세 진로 선택은 좀 이른 감이 있다고 일부 교육학자들은 주장하기도 합니다. 그러나 이 역시 제한된 견해일 수 있습니다.

요가에서 인간은 평생을 두고 만들어지는 존재라 하며, 심리학의 한 분야에선 중년기를 인생의 두 번째 변혁기로 보고 있기도 합니다. 하지만 능률면에서나 긴 기간 숙련 과정을 감안한다면 십대 중후반에서 서른 이전 청년기는 이후 중장년기의 성숙을 가늠할 중차대한 지적 발달의 번성기임은 극히 상식적인 주장일 겁니다.

지성의 계발은 정치적으론 전 인류의 민주적, 자율적 권리가 확대되는 것, 억압, 굴종, 편견이나 배타성에 머물지 않고 열린 마음으로 모두가 서로를 아끼고 존중하는 가치, 즉 인류애와 멀지 않으며, 이러한 합일의 방향과 정신이 바로 1차적인 지성의 계발과 깊이 관련 있습니다.

오늘날 지구촌 상황을 한 번 둘러봅시다. 긴 말 하지 않아도 모두가 위대한 생명의 자식들, 위대한 신적 존재의 일부이며 신의 형제자매인 관점에 위배되는, 즉 요가의 인류애적 철학이 실현되지 않는 시공간이 얼마나 많은지요? 이때 여러분이 신을 무어라 부르며 연상하든 말입니다. 그 신이 거대한 에너지이든, 황금빛 원반 뒤의 영적 존재이든, 생명의 그물망이든 인드라망이든 태양계의 원리이든 흰 날개의 천사이든 불보살이든 말입니다.

공교육, 시민 의식, 사회 정치적 참여 의식, 모두에게 필요한 학습권 등은 고대의 지혜를 부르짖는 요가에서 역설적으로 꼭 필요한 지지 기반이 됩니다. 이를 토대로 하여 비로소 전 인류에게 고른 과학의 성과, 지식의 발전, 자연의 회복이 가능할 것입니다.

비노바 바베, 마하트마 간디, 스리 오로빈도 등은 모두 인도의 해방과 자유를 부르짖던 요가의 대가들이었습니다. 앞의 두 분은 『바가바드 기타』 강의와 주해를 자신이 갇힌 옥중에서 죄수들에게 전달했고, 현대 요가 철학의 정립자이자, 오로빌 공동체의 설립자 오로빈도 역시 영국에서 선진 의학을 수학하고 돌아와 인도 민중들을 자유의 기치 아래 모이게 했던 개혁가였지요. 그 역시 긴 옥고 끝에 오로빌을 구상했고 라자 요가를 통합 요가의 이름으로 확산시켰습니다.

흑인 인권 운동가 마틴 루터 킹, 이젠 수단의 성자가 된 한국의 이태석

신부 등 국경과 종파를 초월하여 첨예한 지성을 바탕으로 인간 구원, 해방의 신념을 설파하고 헌신한 모든 분들은 참다운 지성의 계발과 훈련이 현대 요가의 올바른 방향성임을 보여 주는 위대한 영혼들입니다.

고대의 천재적 문자 개발자들, 마법사들, 밤하늘의 별들, 그 운행 원리를 보고 만들어진 피아노라는 악기와 음계를 발견하고, 수리 원리를 창안한 피타고라스의 교단 또한 연이어 떠오릅니다. 이 모두 인류의 위상을 높이기 위한 치열한 분투의 성과였습니다. 통합적 지성의 힘이 이뤄 낸 눈부신 성과이기도 합니다. 아이작 뉴턴, 갈릴레이 갈릴레오, 에디슨, 아인슈타인 등 모두 넓게 보아 뛰어난 요기가 아닐 수 없습니다.

갑자기 요가에서 지식, 지성, 교육 등을 강조하니 낯설게 느껴질지 모릅니다. 요가, 명상 하면 입 다물고 눈 감고 하염없이 고요한 적막 속에 머무는 것이라는 관념이 더 익숙하겠지요. 하지만 이제 인류에게 가장 필요하고 시급한 요가의 방향은 바로 고전 요가를 구성하는 두 가지 방식의 요가, 즉 '경전의 탐구'와 이것을 '실천 수행'하는, 가슴에서 두뇌로의 길인 것입니다. 그리고 그 토대가 되는 것이 바로 문명과 교육의 발달이었습니다.

지성과 직관의 길,
라자 요가

현대 인류 가운데 라자 요가의 근기를 지닌 인구가 단 5%,
그 가운데서도 생을 거듭하여 이를 추구하는 구도자들은
겨우 0.01%에 불과하다.

요가에서 지성은 추론적이고 분석적인 사유 작용과, 통합적이고 직관적
인 차원으로 나뉜다고 앞서 말씀드렸습니다. 앞의 것을 이론지, 분별지라
말하고 뒤의 것을 직접지, 직관지, 무분별지(일체 모든 분별이 떠난, 분별을 그
친다는 의미에서 무분별지입니다. 현실에서 무분별하게 생각한다는 의미와는 완전 반
대의 뜻을 지닙니다.)라 부른다고도 했습니다.

마음도 크게는 둘로 나뉩니다. 감정과 혼합된 생각으로 주조된 마음과,
지성과 결합된 생각으로 주조된 마음이 그것입니다. 이를 인간 성장 발

달, 인류 의식 발달, 요가 방법 발달의 단계에 따라 정리해 보면 다음과
같습니다.

감정적 마음 = 감각적 마음 + 정서적 마음
지성적 마음 → 분석적 마음 → 직관적 마음

감정적 마음을 '카마-마나스'라고 합니다. 힌두 경전 가운데 『카마수
트라』는 감각적 마음의 계발을 극적으로 강조한 경전입니다. 카마-데바
라는 말은 아름답기 그지없는 감각의 신들을 말합니다. 이와 비교해서 감
정과 생각과 직관이 이리저리 섞여 있는 얼룩덜룩한 마음이 대개 보통 인
간의 마음입니다. 쉼 없는 마음, 제멋대로 흐르는 마음. 때로 스승들께선
'미친 원숭이, 술 취한 코끼리의 상태'로 이런 보통의 의식 상태를 비유하
곤 했습니다.

지성과 직관의 길, 라자 요가는 바로 이 얼룩덜룩한 보통의 혼란스런
마음을 대상으로 요가행을 하자는 것입니다. 그래서 이 요가에서 중요한
육체는 몸도 에너지체도 감정체도 아닌 모든 것을 포괄해서 마지막으로
형성된 마음체, 영어로는 멘탈체라 불리는 비가시적이고 미세한 영체를
말합니다.

한 인간의 마음체를 이루는 것은 그의 한 생각 한 생각, 즉 상념체입니
다. 물론 이때 상념체는 잡념체에 가까워서 명상을 할 때 마음을 모은다
고 말하는 것도 다소 어폐가 있습니다. 끝없이 흐르는 잡념은 아무리 모

아 봤자 얼룩덜룩 복잡하게 엉켜 있는 실 꾸러미일 뿐, 모으면 모으는 대로 더 엉기게 마련입니다.

감정체는 주위의 감정들이 방사되는 데에 민감하게 영향을 받습니다. 반면 마음체는 마치 석고처럼 단단합니다. 웬만해선 미동도 하지 않습니다. 정서의 세계가 수증기 입자와 같이 우리를 에워싸고 있다면 멘탈계는 딱딱한 콘크리트처럼 특정 집단의 의식 위에 대들보로 작용합니다. 인류의 역사가 이상과 신념, 종교를 두고 전쟁까지 불사했던 이유입니다. 이 딱딱하고 굳은 마음을 심지로 하여 복잡한 감정의 실타래까지 똘똘 말린 것이 보통의 마음들입니다. 여간해서 해체와 각성이 일어나기 쉽지 않습니다.

머지않은 미래, 청년기의 인류가 해결해야 할 과제가 바로 이 고착되고 결정화된 마음의 소유자들과의 피 튀기는 전쟁이라 합니다. 지금은 감정의 소용돌이에 대부분 휩싸여 있지만, 마음을 정화시키고 조절하여 투명한 직관의 세계로 나아가지 않는다면, 지성에서 직관으로 인류의 의식이 상승하지 않는다면 인류에게 무지갯빛 미래란 결코 없다고까지 고대의 전승에선 전해집니다.

고대의 전설 속, 바다 속으로 가라앉은 아틀란티스 대륙의 멸망, 문명마다 원형처럼 등장하는 대홍수 신화, 우주 비행선과 전화기까지 등장하는 고대의 찬란한 문명들, 마야, 잉카의 비참한 소멸⋯. 모두가 물질문명의 극성화 단계에서 스스로 자멸에 이른 인간 정신성의 결과입니다. 그리고 이 과정은 지금도 계속, 주기적으로 반복되고 있습니다.

인간이 복잡한 마음을 정화시키고, 분석과 추론의 세계를 모두 마스터한 다음, 비로소 도달하는 경지가 직관지의 세계라 합니다. 직관지의 세계는 학벌이나 학력, 지성의 연마만으로 도달되지 않습니다. 물론 앞서 제시하였듯 얼마간 딱딱한 마음체의 형성이 필수적입니다. 그러나 타고온 뗏목을 기슭에 이르면 버려야 하듯, 초지성의 세계로 진입하는 단계가 반드시 필요합니다. 이를 돕는 것이 요가의 명상이고, 신성한 경전의 세계입니다. 진정한 지성은 머리만으로가 아니라 가슴과 머리와 몸의 결합으로 비로소 가능합니다.

요가 경전에는 하타 요가를 다 마치고, 박티 요가와 카르마 요가마저 아주 오래, 몇 생을 통해 수행하고 나면 비로소 라자의 길이 열린다는 말이 전해집니다. 사실상 현대인들은 이 모든 요가를 동시대에 접하는 행운을 맞이하고 있습니다. 동시에 영원의 지혜(인류 의식의 기저에서 초교파, 초시대적으로 연면히 이어져 내려오는 초역사적 고대의 지혜, 영원의 철학이라고도 하며 힌두의 베단타, 라자 요가, 그노시즘, 티베트 밀교, 현대의 자기 초월 심리학들이 대표적인 전승 체계들 중 하나이다.) 가운데 그 어떤 것도 제대로 모르고 배회하면서 눈앞의 이익과 성취에 집착하는 우를 범하기에도 아주 좋은 환경에 놓여 있습니다. 현대 인류 가운데 라자 요가의 근기를 지닌 인구가 단 5%, 그 가운데에도 생을 거듭하여 이를 추구하는 구도자들은 겨우 0.01%에 불과하다니 말입니다.

요가 치타
브리티 니로다!

라자 요가에서 요가의 정의는
그러므로 명상입니다.

전 세계적으로 아마 가장 유명하고 확연한 요가의 한 줄 정의가 있습니다. 고전 요가의 경전인 『요가수트라』 1권 2절의 말씀이지요.

'요가 치타 브리티 니로다!'

치타는 마음을 말합니다. 브리티는 의식의 회오리, 마음의 소용돌이, 마음의 변덕스런 동요와 혼란을 말합니다. 니로다는 중지, 절멸, 소거 시킨다는 뜻입니다. 그러므로 '요가 치타 브리티 니로다'는 '마음의 소용돌이를 소멸시킨다'는 의미입니다.

더 쉽게 표현하면, 요가는 변덕스런 마음을 가라앉히는 것, 마음을 조절하는 것입니다. 즉 요가는 마인드 컨트롤입니다. 이는 마음을 죽이는 것이 아니라 다스리는 것입니다. 이때 다스릴 마음은 감정적인 마음이 아닌 앞서 정리한 대로 분석지, 추론지, 딱딱한 지성과 흐르는 감정이 혼재된 보통의 마음입니다.

그렇다면 이제 요가는 더 이상 몸의 조형을 위한 것도, 호흡의 통제를 위한 것도, 감각의 계발을 위한 것도, 감정의 안정을 추구하는 것도 아니게 됩니다. 큰 의식은 작은 의식을 포함하여 무한히 더 큰 의식의 확장을 향하여 초월해 나갑니다, 이를 한 단어로 '포월'이라 말하기도 하죠. 통섭과 비슷하지만 통합되어 더 큰 세계로 상승, 확장된다는 의미가 여기엔 들어 있습니다. 의식은 깔때기의 입구 쪽으로 나선형으로 상승, 확장해 나갑니다. 이를 위한 요가의 대표적 방법이 명상과 경전의 탐구인 라자 요가입니다. 하지만 명상과 경전의 탐구를 위해선 하나하나 단계가 필요합니다. 그 단계를 천국에 이르는 계단이라고도 합니다.

라자 요가의 단계는 여덟 가지로 요약되어 전해집니다. 그래서 팔지(八枝) 요가, 여덟 가지 단계가 있다고 하여 아스탕가 요가라고도 합니다.

첫 번째 가지는 '야마'입니다. 다섯 가지 도덕적 계율을 지켜야 합니다.

비폭력, 정직, 나눔, 절제, 무소유를 실천해야 합니다. 대충 지키는 정도가 아니라 최선을 다해야 합니다. 다시 반복하면, 야마는 무해함을 실천하고(아힘사), 거짓말하지 않고(사트야), 남의 것을 탐내지 않고(아스테야), 함부로 성적인 쾌락을 추구하지 않으며(브라마차리야), 가급적 자발적 가난을 실행(아파리그라)해야 합니다.

두 번째 가지이자 계단인 '니야마'는 요기가 적극적으로 실천 수행해야 하는 다섯 가지 계율입니다.

1. 생각과 말과 행위에 있어 순수함을 지향한다(사우챠).
2. 생각과 말과 행위에 있어 자족함을 실천한다(산토샤).
3. 생각과 말과 행위를 극기하고 절제한다(타파스).
4. 시시때때로 신성한 경전을 탐독하고 연구한다(스와디야야).
5. 이 모든 실천의 결실을 생각과 말과 행위로 신 앞에 봉헌한다(이쉬바라프라니다나).

세 번째는 '아사나', 우리가 화려한 요가 동작으로 알고 있는 말이지만 실제로는 삶에서 고요하고 침착한 태도를 실천하는 것입니다.

네 번째 프라나야마는 생명력을 신성한 지혜를 향해 흐를 수 있도록 확장하는 것입니다.

다섯 번째 프라티하라는 감각의 계발과 조절을 통해 내적 지혜를 통찰할 수 있도록 요기만의 감각 훈련을 통해 초감각의 세계를 지향하는 것입니다.

그리고 삼야마의 세 단계인 여섯, 일곱, 여덟 번째가 바로 명상의 세 단계입니다.

그런데 8단계의 체계적인 과정을 주장하는 고전 요가 역시 인류의 청년기를 맞아 다시 처음으로 되돌아가야 합니다. 첫 단계에서부터 단추를 잘 꿰어야 한다는 것이죠. 1단계 야마에서 8단계인 사마디, 즉 초의식의 단계까지 청년기의 입구에 도달한 인류는 자신에게 주어진 '초지성의 계발이 진정한 현대의 요가'라는 과제를 이해하고 보다 종합적인 요가행을 해야 할 때에 이른 것입니다.

라자 요가에서 요가의 정의는 그러므로 명상입니다. 그리고 이때 명상의 목표는 분명합니다. 직관을 계발하고, 신성한 지혜를 증득하고, 깨달음과 해방의 길을 향하며, 온 존재계를 지배, 관장하는 요가의 법칙을 이해하며, 영혼, 즉 요가의 참나와 접속하며, 영원불멸 불사의 존재성을 추구하며, 희생과 사랑과 지성의 빛이 되고, 영원한 한여름의 청년이라는 비전을 갖는 것입니다.

새로운 요가를 향해 인류는 이제 한 걸음 한 걸음을 떼어야 합니다. 예컨대 야마, 즉 계율을 지킬 때에도 맹목적인 복종이나 물질적인 해석에만 머물러선 안 될 것이며 아사나를 할 때에도 단순히 신체에만 의식의 초점을 맞추어선 안 된다는 의미이죠. 프라나야마를 할 때에도 더 이상 감정을 다스리는 수단이나 육체적 건강만을 추구하는 호흡 수준에 머물러서는 안 되는 것입니다.

저는 학창 시절 로렌스 콜버그의 도덕성 발달 이론에 큰 감명을 받았습니다. 원시인에서 성숙한 시민까지, 유아기에서 성숙한 인격을 갖추기까지 도덕성의 발달은 점점 더 외면적 강제에서 내면적 자율성으로 발달해 나갑니다. 인간은 작은 규범 하나를 지킬 때에도 제각기 다차원적 반응을 보이는데, 그 유명한 매슬로우의 욕구 피라미드 또한 예외는 아닙니다. 그런데 그 발달의 모양은 마치 나선형 깔때기와 같아서 늘 제자리를 맴도는 것 같지만 조금씩 위로 상승하고, 아래를 떠나면 위로 아주 올라가 버리는 것 같지만 위와 아래는 하나로 연결된 뫼비우스의 띠와도 같아서 언제고 다시 원시, 야만의 단계로 추락하기도 합니다.

요가의 발달 라인도 이와 비슷합니다. 요가의 8단계를 물질적 차원에서 이해하게 되면 계율을 지키는 목적도 애초엔 고통을 피하는 것, 즉 체벌을 받지 않기 위해서나 윗사람들에게 혼나니까 지키는 수준입니다. 조금 나아간다 해도 자기 마음이 편하자고 지키는 것, 또 더 나아가 봐야 감정적 안도감의 차원에 머물게 되는 것이죠. 하지만 고도의 도덕성 인식 수준에 이르면 두 가지의 단계로 반응합니다. 그냥 미덕을 실천하는 것 자체가 기쁨이 되어, 어떤 보상도 안식도 없이, 도리어 고통이 예상되어도 선의지(good will) 그 자체로 미덕을 실천하게 됩니다. 이런 단계를 일러 도덕적 감각과 판단, 사유가 일체가 되는 단계라 합니다. 선의지의 근거가 하나의 정언명령으로서 공리주의 수준을 넘어서는 단계입니다.

명상 또한 비슷합니다. 고전 요가에서는 마음을 다스리는 8단계 요가의 후반부인 명상 3단계를 모두 합하여 '동시에 일어난다, 구축된다'는 의미로 삼야마라고 부르는데, 삼야마 역시 집중한다, 마음이 가라앉는다, 고요하고 평화로운 기쁨에 머문다, 해방감과 초연함에 잠겨 즐거워한다,

모든 것이 해결된 듯 텅 비고 평화로워진다고 하는 수준에 머물게 되는 것으로 많이 알려져 있습니다. 물론 그것만으로도 굉장한 결실이죠. 그러나 이 역시 어디까지나 예비 명상 단계일 뿐입니다.

그래서 "명상을 하는데 왜 머리가 더 복잡해질까요?", "요가를 하고 나서 더 많은 의문이 고개를 듭니다", "오래 훈련하여 드디어 8단계 요가의 끝에 온 것 같은데 아무것도 모르겠습니다"와 같은 반응이 일어나는 단계가 다시 또 서서히 찾아오는 것입니다. 이제 '요가는 스스로 정반대의 길을 걸어감으로써 새로운 육체를 만드는 것이다'라는 책머리에 명시한 요가의 정의를 고전 요가에 맞춰 알아볼 순서가 되었습니다.

라자 요가,
영원으로 가는 몸

현상계가 실재한다는 인식이 사라질 때
진아(眞我, 참나)를 깨달을 수 있다.

— 마하리쉬, 「나는 누구인가」

라자 요가의 입장에서 바라보는 육체란 과연 무엇일까요? 앞에서 줄곧 이야기한 대로 요가에서 바라보는 인간의 몸, 즉 미세체는 일단 하나가 아닙니다. 둘도 아닙니다. 요가에서의 진짜 인간 존재는 인류 역사의 전면에 채 등장하지도 않았습니다. 이제 그에 대해 언급할 순서인 것 같습니다.

라자 요가, 즉 우도 탄트라의 길이며 가장 오래된 고전이며 가장 새로운 요가, 바야흐로 막 현재진행형인, 이 정신과 지성의 요가에서 인간이란 사실 영혼입니다. 달리 말해 인간은 '의식체(다양한 의식으로 구성된 존재)'입니다. 범우주적 에너지가 일련의 정교한 과정을 거쳐 응집된 불멸의 신적 존재, 그 광활한 일자(一者)의 일부입니다. 그러므로 하나하나의 인간 역시 섬광과도 같은 불멸의 영혼체라고 보는 것입니다. 대광자(大光子)의 소립자만큼의 크기, 일종의 소광자(小光子)인 셈이지요. 여기서 말하는 신은 거대한 에너지체이며 인간은 그의 일부를 이루고 있습니다.

요가에선 가아(假我), 즉 존재하지 않는 나와 참나(眞我), 즉 실재의 나가 있다고 말합니다. 얼핏 보기엔 이원론적 주장과 같지요. 그러나 요가에선 그런 이원론의 입장이 아니라, 평생 익숙한 나란 본래 없었고, 본연의 나가 존재하는데, 그 진짜 나를 가짜 나가 가리고 있었다고 말합니다.

나는 누구입니까?
뼈와 살로 이루어진 이 몸은 내가 아니다. 시각, 청각, 후각, 미각, 촉각 등의 다섯 가지 감각기관은 내가 아니다. 말하고, 움직이고, 붙잡고, 배설하고, 생식하는 다섯 가지 운동기관은 내가 아니다. 호흡 등의 다섯 가지 기능을 수행하는 프라나 등의 다섯 가지 기(氣)는 내가 아니다. 생각하는 마음도 내가 아니다. 내면에 잠재되어 있는 무의식도 내가 아니다.
이 모든 것이 내가 아니라면 나는 누구입니까?
이 모든 것들을 '내가 아니다'라고 부정하고 나면 그것들을 지켜보는 순수한 앎(awareness)만이 남는다. 그것이 바로 나다.

어느 때에 진정한 나를 깨달을 수 있습니까?

현상계가 실재한다는 인식이 사라질 때 진아(眞我, 참나)를 깨달을 수 있다. ─ 마하리쉬, 「나는 누구인가」

우리는 죽음의 순간, 누구나 의식의 변화를 느끼면서 이러한 사실을 삽시간에, 충격적으로 알게 되는데 흔히 전해지는 대로 몸은 죽고 영혼은 분리되어 어디론가 가며, 영혼은 불멸이라는 주장과 흡사합니다. 그러나 미묘한 차이는 바로 그 영혼에 가장 가까이 수렴하는 단어가 요가에선 바로 '의식'이라는 것입니다.

원래 의식의 뜻은, 마음이 돌아가는 상태를 두뇌가 인식하는 것이라고 합니다. 이는 또 다른 차원으로 표현하면 내가 무엇을 느끼고 말하고 듣고 맛보고 하는지를 내 마음이 알아차리는 것입니다. 즉, 내가 또 다른 나를 보고 있는 것이랄까요? 그렇게 내가 거주하는 모든 시공간의 상황을 지켜보고 판단하고 알고 사유하는 자를 의식, 영혼의 존재라고 요가는 규정하며, 그를 일러 영원불멸의 진아, 즉 '참나'라 합니다.

의식 앞에는 여러 단어가 가지가지로 붙을 수 있습니다. 육체에 관심을 두면 육체 의식이 바로 '나'가 되는 것이고 감각에, 생각에, 호흡에, 명상에, 동작에 의식의 한 점을 집중하면 나는 바로 그 '집중의 대상'과 일치하게 됩니다.

만약 내가 꿈을 늘 많이 꾸고 꿈에서 즐거운 삶의 일부를 경험하다 못해 꿈과 현실이 뒤섞여 버린다면 나는 꿈이라는 잠재의식과 하나가 되겠죠. 무아지경에서 감각적 쾌락에 푹 빠져 있다면 그때 나는 감각 그 자체가 되며 해당 감각으로 나의 세계는 가득 찰 겁니다. 요가는 그런 의식의 스펙트럼을 하나씩 인식하고 자각하며 점점 구체적인 의식에서 추상적인 의식으로, 거친 의식에서 정교한 의식으로, 형상화된 의식의 대상에서 대상 없는 의식의 영역으로 계속 분리해 가는 과정이며 이는 또한 명상의 과정이라 할 수 있습니다.

먼지에서 티끌, 티끌에서 한 점과 같은 의식의 크기 또한 점점 더 확장되어 더 큰 세계를 접속하게 됩니다. 하나의 영혼이 더 큰 영혼, 의식의 세계와 조우하는 것, 그것이 요가에선 명상의 목적이자 방향입니다.

요가를 정리하면 이렇습니다.

"요가는 마음을 조절하여 마음의 변덕스런 성질을 끊어 내고, 자신이 그것이라고 오래도록 믿던 가짜의 나와 이별한 후, 참다운 나, 지켜보는 자, 아는 자로서의 나와 해후, 합일하는 지난하고도 감동적인 훈련의 과정이다!"

고전 요가의 명상은 그런 과정을 순조롭게 이끄는 단계별 의식의 확장 과정을 말합니다. 따라서 지상에서 그 끝이란 결코 없으며, 궁극이란 존재하지 않고, 깨달음이란 대개 착각이기 쉬우며 아득한 여정을 끝없이 순례하듯 걸어가는 영원불멸의 내적인 여정입니다.

"자, 이것이야. 다 왔어. 바로 이것이야."라고 말하는 순간, 요가의 명상은 명상이 아니라 다시 예비 명상의 단계로 돌아가게 됩니다.

"내가 했어. 나는 뭔가 변했어. 와!"라고 자각하는 순간, 다시 처음으로 돌아가야 합니다.

도저히 입과 말로 형언할 수 없는 어느 순간, 다 이루었다고 믿는 순간, 다시 지켜보는 자, 아는 자, 생각하는 자, 내면의 스승, 내면의 신은 깨어나 한없이 멀어져 갑니다. 그 끝없는 영원의 여정, 불멸의 여정을 일러 마침내 '분리된 합일', 즉 요가라 부릅니다. 그때서야 비로소 요가는 일시적으로나마 온전한 합일의 과정, 곧 명상이 됩니다.

하지만 결말 없는 영화, 과정만 있는 필름이 현재 의식으로 파악할 수 있는, 이렇게 초라한 언어로 발설할 수 있는 요가의 길입니다. 때론 이때부터 지상의 모든 요기들이 무한히 힘을 쏟아 이르고자 하는 또 다른 의식의 단계가 펼쳐진다고 합니다. 그 어떤 의식도 아닌 순수의식을 얼핏 자각하는 지점인 투르야 단계입니다.

물론 제한된 어휘로는 이제 더 이상 전달할 수도 설명할 수도 없습니다. 모든 언어와 자각되는 대상으로서의 대상을 모두 다 배제하고 분리한 후, 비로소 느껴지는 어떤 텅 빈 자각의 경지, 혹은 체험의 일부, 파편 한 조각을 비로소 순수의식이라 이르기 때문입니다. 그리고 그때 얼핏 조우한 의식의 한 파편을 일러 요가에서는 내면의 스승, 나의 영혼, 진정한 나라고 말합니다.

몇 해 전 추상화가 마크 로스코 전시회를 갔을 때였습니다. 그의 작업 노트에 적힌 '인간, 하나의 섬광'이라는 대목 앞에서 전율했던 기억이 새롭습니다. 맞습니다. 요가에서 말하는 인간이란 거대한 불꽃의 한 섬광, 스파크입니다. 이것이 요가에서 말하는 빛의 존재, 의식체, 불멸의 존재로서 인간의 정체성이며, 바로 이것이 요가에서 늘 말하는 '참나'이며, 마하리쉬(위대한 비전가라는 의미)의 '나는 누구인가?'에서 '나'이며, 소크라테스의 '너 자신을 알라'에서 '너'의 정체인 셈입니다. 그러니까 여러 미세체들의 최고봉, 영혼이자 생명의 근원이라는 의미를 가진 원인체야말로 인간을 구성하는 여러 몸 중의 진짜 몸, 요가에서 말하는 참다운 존재이자 인간의 본질적이고도 근원적인 몸입니다. 요가는 그러니까 본디 영혼을 위한, 영혼에 대한, 영혼에 닿으려는 시원(始原)의 훈련법이자 교육법입니다.

신성한 에너지가 잘 흐르기 위해 특기할 사실은 우선 요가의 첫 번째와 두 번째 단계인 야마와 니야마, 곧 열 가지 계명을 철저히 준수하는 것입니다. 프라나를 잘 흐르게 하기 위해, 프라나를 담는 그릇인 거친 육체를 깨끗하게 하기 위한 방법이 호흡도 동작도 명상도 아닌 우선, 계율을 지키라는 것입니다. 이는 인격 완성에 필요한 모든 미덕의 준수와 이타적 실천이 바로 곧 요가라는 의미입니다. 그래야 고귀한 생명 에너지가 막힘없이 흐르게 됩니다.

그런데 가만 살펴보면, 숨을 쉬어야 하는데 억지로 쉬지 않거나, 몸을 움직여야 하는데 움직이지 않거나, 감정을 죽여서 사라지게 하는 등의 역리보다 계율을 지키려는 것 자체가 현대인들에겐 도리어 정반대, 일상의 흐름을 거슬러 오르는 연어의 삶일 수 있습니다. 훨씬 어려운 실천 아닐까요?

과거 요가 수련자, 요가 행자들은 무소유와 비집착과 청정함을 목표로 삼고 세상을 떠돌거나(사문), 숲으로 들어가거나(산야신) 고향과 가족을 떠나 종적을 감추기도 했습니다. 현실과 정반대의 가치를 지향하는 것이 요가의 출발점이 되었습니다. 반면 현대인들에겐 일상을 살면서 위의 삶을 실천해야 하니 몇 배나 힘겹고 고통스런 상황입니다. 떠나지도 못하고 떠나서도 안 되며 떠날 수도 없는 상황이 현대사회 우리의 생존 조건이니까요. 끊임없이 문명과 지성을 발달시키는 가운데, 그 와중에도 의식을 청정하게 하고 나날이 새로운 육체를 구축하는 길은 실상 거의 불가능에 가까운 도전입니다. 그러나 바로 가장 오래된 미래의 요가, 라자 요가의 길이기도 합니다.

한때 요가들이 호흡의 억제와 감각의 계발로 새로운 육체를 만들고자 했다면, 라자 요가는 이와는 완전히 다른 해석을 합니다. 호흡의 의미를 재해석하는 것이죠. 호흡은 육체를 유지하는 가스교환만이 아닙니다. 우리는 들숨에 자신을 둘러싼 세계의 감정과 사상과 신념 들을 끌어당깁니다. 날숨에 똑같이 자신의 총체적 다층적 에너지를 발산합니다. 때문에 육체적인 숨쉬기는 절로 이루어지게 하면 그만입니다. 더 중요한 것은 각자 깨어 있는 감각으로 흡입하고 방출하는 감정 에너지, 정신 에너지 들의 성분과 수준입니다. 그래서 청정함을 지향하는 명상이 필요합니다. 새로운 육체를 만든다는 것은 바로 이런 본질적 해석이 따르지 않으면 신비한 고행과 괴벽의 길로 비쳐질 뿐입니다. 따라서 라자 요가에서 호흡 수련의 길은 프라나의 질과 양과 수준을 변형하는 데에 훨씬 그 초점이 맞추어져 있습니다.

"생명 에너지는 중립적이다. 그러나 어디까지나 일정한 의식의 방향을 따른다."

이것이 라자 요가의 제1 법칙입니다.

신체를 변형시키기 위한 음식은 늘 감사하며 즐거이 먹고 과식하지 않으며 가려서 먹는 정도면 충분합니다. 호흡과 감각의 몸을 변형시키는 길은 생기를 유지할 수 있는 가벼운 운동과 햇볕을 자주 등 뒤에 쬐는 산책이나 스트레칭 정도의 몸짓 훈련 정도가 필요합니다. 요가의 동작 훈련은 고요하고 안정된 명상 자세를 위한 준비, 즉 프라나를 잘 담고 흐르게 하는 그릇으로서 몸을 단련하는 정도면 됩니다. 기이한 동작을 극한까지 할 필요는 없습니다. 보다 깊은 상징적 의미를 아사나에 부과하지 않는 한 말이죠.

또 매일의 명상을 준비하는 과정은 다양한 독서와 경전의 이해, 그리고 정상적이고 평범한 삶의 과정이 필수입니다. 경전은 이타적 봉사와 삶의 풍부한 경험들과 요가적 명상을 통해 온전히 이해되는 것이며, 바로 이 지점에서 라자 요가는 변형과 재건을 통한 '새로운 육체' 만들기를 강조하고 있습니다. 이 점이 기존의 요가들과 완전히 다른 길을 말하고 있는 대목입니다. 동시에 이기적 성공과 출세만을 위한 현대의 기능 위주 교육들과도 뚜렷이 구별되는 지점이기도 합니다.

어서 빨리 영성과 지성을 통합하는 실천 수행적 통합영성학교들이 많이, 제대로 생겼으면 하는 바람입니다. 종교, 정파, 국경, 인종, 지역을 모두 초월하여 범우주적 형제애를 배양하는 명상과 경전의 학교랄까요. 영화 〈스타워즈〉에서 제다이의 존재, 원탁의 기사를 연상시키던 우주 회의의 장면들은 이런 꿈과 같은 세계 학교의 상상과 그리 멀지 않습니다.

요가에서 말하는 나란 존재는 우리에게 익숙한 이번 생의 모든 기억의 총체로서 나가 아닙니다. 요가에서 나는 곧 영혼입니다. 그리고 그 영혼은 결코 혼자 존재하는 법이 없습니다. 나의 영혼이란 어불성설이며, 사랑, 평화, 기쁨, 불멸 등의 언어가 요가의 영혼을 가장 가깝게 드러내는 어휘들입니다. 따라서 개별적 자아로서의 나, 나의 구원, 나의 해방, 혹은 철저히 독방에서 성취되는 개인적 수준의 독존이나 해방은 요가에선 허상일 뿐입니다.

세상과 거꾸로 마주 서 대치하며 스스로 새로운 육체를 악전고투하며 만들어 나가는 것, 이때 육체란 삼사라(윤회)에서 자유(니르바나)로, 죽음(패배)에서 불멸(승리)로 나아가 완전히 새로운 존재가 되는 것, 경전의 공부와 요가적 명상과 실천적 봉사의 삶이 바로 가장 오래되고 새로운 요가의 고갱이며 요체이고 핵심이었던 것입니다.

끝으로 신성한 노래이자 주문, 가장 오래된 미래의 요가 '영혼의 만트라'를 소개하며 1부를 맺을까 합니다. 이것은 영원으로 가는 몸, 곧 스러질 육체를 변형하여 불멸불사의 존재로 재탄생시키는 것을 열망하는 모든 요기들의 기도입니다.

영혼을 위한 만트라

나는 영혼입니다.

나는 신성한 빛입니다.

나는 사랑입니다.

나는 의지입니다.

나는 확정된 계획입니다.

Soul Mantra

I am the Soul.

I am the Light Divine.

I am Love.

I am Will.

I am Fixed Design.

2부

어떻게 요가할 것인가?

2부는 어떻게 하면 내가 지금까지 나라고 믿었던 한시적이고, 거칠고, 둔하고, 덧없는 물질적 육체를 보다 새롭고 영원한 재료의 육체로 변형해 나갈 것인가, 즉 어떻게 새로운 육체를 만들 것인가, 이름은 같은 육체라 부를 것이나 내용은 완전히 다른 구성 물질로 채워진 육체, 육체이나 육체 아닌 미세하고 강인한 지속적인 존재로서의 육체로 거듭나게 할 것인가에 관한 내용입니다. 즉 '어떻게 요가할 것인가?'에 대한 구체적 지침이 되겠습니다.

신체를
빈 그릇으로
상상하기

고대로부터 전해진 요가의 신체 동작을 아사나라고 합니다. 의미는 고요한 자세입니다. 여기에 현대 요가의 다양한 동작 기법들이 더해졌습니다. 서서 하는 동작, 앉아서 하는 동작, 누워서 하는 동작 등 이런 요가적인 신체 동작들이 요가의 기본 정신인 프라나가 흐르는 몸, 감각과 의식이 깨어나 점점 더 크고 맑아지는 몸으로 새롭게 만들어지려면 뭔가 분명한 기준을 따라야 합니다.

요가 동작을 취할 때 요가 훈련사는 자신의 신체를 하나의 텅 빈 그릇으로 상상하는 편이 훨씬 좋습니다. 아니, 그래야 안전합니다. 텅 빈 유리 항아리, 원래 요가에서 유명한 쿰박, 내지 쿰바카의 의미는 축제 때 쓰던 항아리란 의미였습니다. 심상화가 잘 안 되신다면 황금빛 그물로 된 신체, 황금빛으로 빛나는 얼기설기 바구니, 레이스 망 같은 것으로 상상해 보세요.

다양한 요가 자세를 취할 때 실내에서 음악(만트라나 챈팅 이외 지나치게 다양한 감성을 자극하고 일깨우는 종류의 음악)을 너무 크게 틀거나, 사방에 거울이 있어 주의를 빼앗기거나, 주위 사람들의 시선을 너무 의식하거나, 요가 강사가 너무 고압적이면 크고 작은 문제가 잇따릅니다. 잦은 부상이라거나 감정의 억압, 혹은 지나친 감정의 흐름, 걱정, 근심, 슬픔, 불안이 너무 강력해도 그렇습니다.

우리들의 에너지를 담는 그릇, 즉 진정한 육체인 프라나체, 에너지의 몸은 이런저런 자극에 자신의 관심과 주의를 쉽게 빼앗기게 됩니다. 몸, 에너지, 마음은 분명 하나로 연결되어 있으니까요. 우리들 몸은 실상 우리가 취하는 여러 자세에 따라 매우 유동적이고 하나의 자세를 취할 때마다 그 그릇에 담기는 에너지(생기력 – 프라나, 생명력)의 흐름이 이렇게 저렇게 달라지는 까닭입니다. 그런 의미를 알고 동작을 행하게 되면 비로소 요가가 신체 조형을 넘어선 에너지 훈련의 영역으로 가서 닿게 되는 겁니다. 그때부터는 더욱 큰 집중과 관심이 필요합니다. 진짜 요가는 그때부터 시작이랄 수 있겠구요.

잠시 우리들 몸을 흐르는 에너지 법칙을 위 내용과 관련하여 정리해 보겠습니다.

에너지 법칙 1 : 에너지는 생각을 따른다. — 에너지는 늘 더 정묘한 것을 따라간다. 육체보다 감정, 감정보다 생각, 생각보다 지성, 지성보다 영혼. 정묘한 것일수록 중력이 없고 자유로우며 크고 넓고 깊다. 따라서 그것이 부르면 프라나는 거기로 모두 모여들게 되어 있다. 아무리 운동을 신나게 하고 돌아가도 가족들이 던지는 부정적 언사 하나에 방금 들떠 있던 사람의 마음은 쉬 무너진다. 에너지의 관점에선 마음의 힘이 몸을 훨씬 많이 지배하게 된다.

에너지 법칙 2 : 에너지 보존의 법칙 — 온 존재계에 사라지는 것이란 아무것도 없다. 훈련하는 만큼 에너지는 축적되고 주위에 그 힘을 방사한다.

에너지 법칙 3 : 귀환과 합일의 법칙 — 인간은 본디 신의 질료로 유래되었으니 다시 신적 존재로 되돌아가야 한다. 하지만 덕지덕지 붙은 그림자 몸들이 너무 많고 무거워서 쉬 날아오르기 힘들다. 일단 옛 몸과의 분리가 필요하다. 도로 깨끗하게 정화된 몸으로 본래 나였던 신과 합일되는 것이다. 그때 요기는 우리들을 구성하던 에너지가 곧 신이었고 생명이었고 나였다는 것을 알게 된다. 그렇게 더 큰 생명과 결합되는 것, 즉 분리된 합일이 바로 요가이다. 또한 그것이 매순간 요가를 훈련하는 의미다.

얼마 동안
신체 동작을 행하고
유지할 것인가?

한 자세를 취하고 고요히 부동에 가까운 모습으로 그 상태를 유지하는 것이 원래 요가의 방식입니다. 지금의 현대 요가들처럼 순식간에 한 동작, 한 동작 이동하듯 이어 나가기보다는요.

최초로 동작을 유지하고 고요히 머무는 시간의 기준은 대체로 11초부터입니다. 스와미 비베카난다께서 집중의 시작은 한 대상에 12초를 한결같이 머물 때라 하였는데 그 비슷한 의미가 되겠습니다.

11초 동안 자신의 자세를 한 점에 집중하여 심신이 고요한 채 부동으로 유지합니다. 텅 빈 몸을 이미지화하고 그 상태를 가급적 줄곧 유지합니다. 그렇게 몇 달을 꾸준히 하면 40초가 쉬워지고, 그 다음 2년 동안은 1분 30초 동안 유지합니다. 개인차가 있으니 서서히 늘려나가다가 부동의 자세로 약 4시간 가까이 머물게 되면 신체중심요가의 절정에 이른다고도 합니다.

여기서 주의할 점이 있습니다. 요가 입문자가 어려운 자세를 너무 빨리 진행하다 보면 당연히 무리가 따릅니다. 요가 동작으로 인해 부상을 입거나 신체 곳곳의 마모가 뒤따르게 됩니다. 따라서 요가 동작 사이사이에 막간을 유지하고, 동작 후에는 고요히 머물기가 아주 중요합니다. 막간의 유지 시간은 개인마다 다르지만, 대체적으로 한 동작 유지 시간의 반 정도를 하면 됩니다. 더 중요한 기준은 호흡과 맥동이 정상으로 돌아온 만큼이 될 것입니다.

또 한 가지 더 엄수해야 할 것이 있습니다. 당장 체중이 감소하고, 기분이 좋아지고, 움직임이 날렵해지는 것이 요가의 전부라고 여기거나, 점점 더 강렬한 방식으로 자신의 훈련 방향을 설정할 필요는 없다는 것입니다.

물론, 여기에 이견이 따를 수 있습니다. 땀이 비 오듯 강하게 동작하는 것이 나쁜 것도 아니고, 무익한 것도 아닙니다. 열량 소비에 그만한 것이 없습니다. 잡념이 순간적으로 사라지고 난 다음 상쾌한 감각을 가져오는 운동 방식에 그만한 것도 없지요.

하지만 요즈음 많은 사람들이 하고 있는 요가 동작들을 보면 아주 강하게 체중을 실어서 인대며 힘줄은 물론 관절에 과부하가 걸릴 수 있는 과정으로 짜여 있는 것이 꽤 많습니다. 지금 당장엔 이런 요가 동작으로 인해 발생할 수 있는 부정적인 영향을 잘 모릅니다. 하지만 10여 년 가량 시간이 흐르면 몸 여기저기에서 신호가 옵니다. 멋진 몸매와 좋은 기분을 만들어 주는 요가(고전 요가의 변형인 현대 요가)가 역설적으로 몸의 부상과 훼손을 가져온다는 것은 퍽 안타까운 일입니다.

시선은
어디에 둘 것인가?

요가를 할 때 신체를 빈 그릇으로 상상하고, 요가 동작을 실행하면서 고요히 머무는 시간의 기준을 11초로 한다고 말씀드렸습니다. 단순하고 반복적인 스포츠 요가 같은 데에서 더 나아가 요가를 고요한 머묾, 즉 부동의 시간을 점점 더 오래 유지하는 것으로 발전할 때 비로소 요가다운 요가라고 할 수 있습니다.

이제 한 단계 더 나아가 시선을 어디에 둘 것인가라는 질문이 필요합니다. 시선은 드리시띠라고 합니다. 시선을 두는 방법은 두 가지로 이야기할 수 있습니다.

첫째는 문자 그대로 두 눈을 코끝을 바라보도록 조용히 응시하는 것입니다.

둘째는 눈을 지그시 감고 관심을 내면으로 돌리는 것입니다. 감각을 고요히 하고 더 민감하게 벼리는 것입니다. 시선을 코끝에 두라고 할 때, 코끝은 '내면으로 가는 통로'로써 그 의미가 있었습니다. 즉 시선이라고 하면 두 눈의 방향을 말하는 것이 아니라 관심의 방향, 주의력의 지향을 의미했던 것입니다. 그래서 눈을 감든 뜨든 코끝을 보든 허공을 보든 하는 것은 그다지 중요한 것은 아닙니다. 동작을 취할 때 어떤 지점에 훈련자의 모든 열정과 관심을 쏟느냐가 정말 중요하다는 것이 드리시띠의 본래 의미입니다. 한 다리로 유지하는 균형 자세일 경우는 눈을 뜨는 것이 좋습니다.

드리시띠는 사실 요가에서 매우 중요한 개념이자 실천입니다. 그냥 운동이라고 생각하고 요가를 하면, 별 문제없이 스포츠로 즐기시면 됩니다. 아사나도 그렇고 드리시띠도 그렇고, 어설픈 결합이 언제나 참 문제랍니다. 아무리 신체 중심적이고 변형적인 요가 동작들이라 해도 주의와 관심을 어딘가 모으게 된다면 반드시 거기엔 에너지가 모여들고 집중되기 마련이니까요. 반복하지만 신나는 요가 댄스, 격렬한 요가 시리즈, 가슴이 터질 듯한 요가 동작들까지는 스포츠로서 알아서 잘 활용하시면 됩니다. 문제는 그런 평면적이고 상업적인 요가의 과정에서 지속적으로 자각이라거나 아사나, 드리시띠, 다라나, 디야나, 사마디 등의 언어를 쓰면서 뭔가 주의 집중을 하라는 지시가 자주 가미되는 것에 대해서는 함께 생각해 볼 문제입니다.

앞서 제안대로 어떤 동작을 취하고 부드럽고 평안하고 고요하고 깨끗한 가치를 지향하면서, 관심과 집중을 내면, 즉 마음으로 향하면서 부동의 자세를 유지하면 신체중심요가는 다른 차원으로 이행됩니다. 이제 가장 중요하게 대두되는 것은 과연 무엇을 위한 요가인가의 문제이고, 나아가 에너지 집중으로 신체와 감각과 감정과 생각은 과연 어떻게 변화되는 것인가의 주제일 겁니다.

호흡은 어떻게
훈련하는가?

시선 다음으로 알아야 할 것은 호흡입니다. 신체중심요가에서 동작보다 더 중요한 것이 사실 호흡입니다. 호흡을 요가에선 프라나야마라고 합니다. 신체중심요가들은 호흡 방식에 따라서 나뉩니다.

우선 현대 요가에선 한 호흡, 한 동작의 방식을 많이 취합니다. 특히 서구와 우리나라의 파워 요가 그룹들이 여기에 속합니다. 한 호흡, 한 동작은 취하기 어려운 동작들을 쉽게 만들어 주기도 하고 열량을 많이 소비하는 이점이 있어서 날렵하고 유연한 신체 조형에 도움이 됩니다.

그런가 하면 동작과 호흡을 따로 나눠서 훈련하는 그룹도 있습니다. 예컨대 특정한 자세를 취한 다음, 숨을 많이 참거나 아예 오래도록 숨을 쉬지 않는 훈련 방식입니다. 이런 방식의 훈련 목표는 차크라 즉 에너지 센터의 계발입니다. 나아가 쿤달리니 에너지로 알려져 있는 잠재적 에너지의 각성을 목표로 아주 강한 호흡법을 사용하기도 합니다.

사실 이때부터 비로소 진정한 하타 요가라 부를 수 있습니다. 즉, 강렬한 신체중심요가가 하나의 현대적 흐름이자 유행이라 한다면, 신체를 훈련한 다음에 앉아서 조용히 집중하여 호흡 훈련과 무드라 명상과 쿤달리니라고 하는 잠재된 에너지를 두뇌의 어느 한 지점까지 끌어올리는 것이 바로 하타 요가의 핵심이라 하겠습니다.

이렇게 보면, 같은 신체중심요가라 해도 동작을 위해 호흡을 사용할 경우에는 현대 요가, 그리고 의식의 각성을 위해 호흡을 사용할 경우는 고전 요가로 정리할 수 있겠습니다.

"저는 하타 요가를 오래도록 해 왔습니다."라고 어느 방문자가 말씀하십니다. 그런데 잘 들어보면 대개 신체중심요가를 했을 뿐입니다. 오히려 다행입니다. "저는 하타 요가를 오래도록 해 왔습니다."라고 또 다른 방문자가 말씀하십니다. 들어보면, 하타 요가 경전의 방식대로 여러 호흡 훈련을 하시고 무드라와 정화법 들을 거치셨습니다. 쿤달리니 각성도 이미 하셨다고 합니다. "그런데요?"라고 물으면, "몸이 많이 아픕니다. 눈을 감아도 감은 게 아니에요. 늘 불이 번쩍거려 힘듭니다."라고 합니다. 열심히 했는데 통증이나 그밖의 부작용들이 심심찮게 발생한다는 것입니다. 그러다 보니 한국의 요가 환경에서 하타 요가를 경전 자구(字句) 그대로 혼자서 훈련한다는 것이 아주 위험한 방식이라 저는 여기게 되었습니다.

논란의 여지는 있겠으나 그런 수련 방식이 상기증, 다양한 초기 신경증, 각종 질환이 뒤따르도록 하는 경우를 여럿 직접 보고 전해 들었습니다. 아마도 그 이유는 철저한 정화, 즉 내외면의 순수성, 감정적 욕망의 제어, 계율의 준수 없이 무턱대고 잠재된 에너지를 함부로 계발하였기 때문이 아닐까 우려하게 됩니다.

그러므로 신체중심요가에서 호흡은 자연스러운 것이 가장 좋겠습니다. 고요하고, 느리고, 규칙적이고, 몸 전체를 관통하는 자유로운 호흡. 그러다 서서히 호흡이 사라질 만큼 고요해지는 방식 말입니다.

여러 요가 책들에서 위와 관련된 호흡법 설명이 나옵니다. 저는 문헌으로 호흡법을 알리는 방식에 반대하는 입장이기도 하고, 노련한 요가 안내자의 관찰이나 보호와 같은 세심한 안내 없이 요가 초보자가 호흡법을 익히는 방식 역시 위험하다고 보는 입장입니다. 그래서 이 책에서는 호흡에 관한 구체적인 예시는 하지 않겠습니다. 다만, 독자들을 위한 팁으로 요가 호흡법에 관한 경험적 결론 두어 가지를 말씀드립니다.

첫째, 요가 호흡은 신체중심호흡만이 아닙니다.

인체의 호흡계는 코와 입과 목과 허파로 이어지는 일종의 육체적 기관입니다. 하지만 요가에서는 인간은 머리 위쪽과 꼬리뼈 아래 두 개의 에너지 출입구로도 호흡을 한다고 합니다. 그것을 빈두라고 부르기도 합니다. 그런데 이 에너지 출입구 내지 중심점은 일반적인 육체 안에 있거나 육체에서 바로 발견되는 것이 아닙니다. 빈두를 통해 유입되는 에너지들이 집중적으로 모여 있다 하여 에너지 센터라 불리는 차크라들 또한 우리가 흔히 아는 육체 속이나 육체에 바로 딱 붙어 있지 않습니다.

이밖에도 인간을 포함한 무수한 생명체들은 피부호흡이라 하여 피부로도 호흡하며, 땀구멍 깊숙한 곳으로도 원자 단위로도 호흡하고 있습니다. 호흡은 이렇게 미세한 에너지로도 하고 감정으로도 하고, 생각으로도 한다고 할 수 있습니다. 나아가 명상은 결국 호흡의 원리와 긴밀하게 맞닿아 있으며, 호흡은 생성과 소멸이라고 하는 모든 생명의 기본적인 운동을 상징합니다. 생성과 소멸이라고 하는 이원성의 원리는 호흡의 들숨과 날숨으로 비유됩니다.

요가 철학의 세계관에서는 우주를 현현기와 휴지기로 나눠 부릅니다. 우리가 상상할 수 없을 정도의 대우주의 중심에 뭐라 말할 수 없는 대생명이 숨 쉬고 있습니다. 그 존재의 들숨은 휴지기로서 모든 존재계가 어둠 속으로 빨려 들어가 소멸하는 시기입니다. 그 존재의 날숨은 현현기로서 모든 존재계가 다시 현현하여 작동하는 시기입니다.

그러고 보면 호흡은 정말이지 광대무변한 세계를 아우르는 생명의 원리라고 부를 만합니다. 우리가 두 개의 콧구멍과 허파로 제한하는 호흡은 본디 요가의 호흡이 아니라는 점입니다. 따라서 콧구멍과 허파의 변화만을 통하여 해탈이나 열반, 깨달음에 이른다는 주장만큼 기만적인 가르침은 없겠지요. 잠시의 황홀경, 트랜스 상태, 기이한 환영, 열감의 증대는 가벼운 에너지 현상에 불과한 것이니까요.

둘째, 그럼에도 불구하고 신체중심호흡의 이점은 분명 있습니다.

요즘처럼 온 나라에 미세먼지가 심할 때, 정화법의 하나인 교대 호흡이 좋습니다. 여기에 풀무 호흡까지 가미하면 큰 효과를 볼 수 있습니다. 네티라고 하여 주전자로 두 개의 콧구멍을 청소하는 방법도 좋습니다. 하지만 너무 자주 하지는 마세요. 네티를 사용할 때는 반드시 중이염을 조심해야 합니다. 호흡 관찰을 하려 할 때, 즉 마음챙김 명상 등을 할 때 그 시작을 우짜이 호흡, 즉 요가의 승리 호흡으로 하는 것은 나름 좋습니다. 고요한 심신 상태로 빨리 이르게 합니다. 그러나 그보다는 자연스럽게 호흡을 주시하여 심신의 안정을 도모하는 편이 더 안전합니다.

그밖에도 여러 가지 호흡법이 있습니다만 여전히 혼자 이런저런 호흡책을 보거나 영상 등으로 오랜 시간 수련을 하는 것은 그다지 권하고 싶지 않습니다. 오랜 시간 정진한 경험 풍부한 요가 안내자의 도움 내지 보호가 필요합니다. 이상이 신체중심요가의 호흡에 관한 제 경험이자 나름의 주장입니다.

신체적 조건, 잘못된 습관, 고정된 자세 등으로 요즘은 어려서부터 호흡의 양과 질이 많이 떨어져 있습니다. 대개 교육 환경의 문제들, 그리고 누적된 근심, 걱정, 불면과 스트레스가 주범입니다. 호흡이 잘 안 되니까 기분이 우울하고 감각도 무뎌지고 사는 재미도 없고… 등의 현상이 고구마 덩이처럼 줄줄이 따라옵니다.

처음에 요가하러 오시면 저는 1분 당 쉬는 들숨날숨의 숫자를 세 번 정도 세어 보도록 합니다. 12~15회 정도는 바로 동작으로 들어가지만, 호흡수가 20회 이상이거나 아예 호흡수를 찾을 수 없을 만큼 얕은 분들은 호흡을 자각하게 해 주는 동작들을 한 동안 알려드립니다.

이를 테면 마음챙김 호흡이라 하여 많은 곳에서 요가와 명상의 기초로 하고 있는 호흡을 느끼는 방법입니다.

1. 들숨을 할 때 가슴과 배가 확장되는 것을 느낀다.
2. 날숨을 할 때 가슴과 배가 줄어드는 것을 느낀다.

느낌이 잘 오지 않을 경우 두 손을 이용하여 횡격막을 터치하거나, 가운데 배를 눌러서 숨을 빼내도록 합니다. 오래 하지 않아도 숨이 가슴 위쪽에서 쉬어지는지, 쇄골 부근인지, 가운데 복부인지 알게 됩니다. 늘 그렇지만 지나치게 집착하며 열심히 하지 않도록 합니다.

다음으로는 시선을 코끝으로 옮기거나 두 눈을 감고 숨을 쉴 때마다 코 주위의 공기 출입을 점검하는 방식입니다.

1. 들숨을 할 때 콧구멍 언저리 위쪽과 윗입술, 인중에 닿는 공기의 흐름을 포착하며 느낀다.
2. 날숨을 할 때 콧구멍 언저리 아래쪽과 윗입술, 인중에 닿는 공기의 흐름을 포착하며 느낀다.

이밖에도 호흡이 주는 많은 선물들이 있습니다. 모든 호흡 자각 훈련은 다음과 같은 원칙을 지키면 안전하게 할 수 있습니다.

1. 지나치게 열심히 하지 않는다.

2. 몸에 힘이 들어가지 않게 주의한다. 특히 어깨가 솟아오르지 않기 위해 앉는 자세를 취할 때 항상 팔꿈치를 구부리고, 어깨에 힘을 뺀다.

3. 피부의 감촉에서 점점 숨길이 신체 안쪽의 길들을 따라가는지 관찰한다. 집중해서 관찰하다 보면 호흡이 점점 깊이 고요히 느리게 규칙적으로 변하게 된다.

4. 절대 들숨 날숨 사이 호흡 멈춤을 오래 하지 않는다.

5. 책을 보고 따라서 호흡 훈련하지 않는다. 책보다는 실제 연습을 해야하며 경험 많은 안내자의 도움과 지시를 준수한다.

6. 호흡으로 깨달음을 얻겠다거나 뭔가 이득을 취하겠다는 마음을 버린다.

7. 하루 15분 이내 정해진 시간에 따라 연습하는 것이 좋다. 그 시간 외에는 자연스런 호흡을 한다.

요가의
기본자세

요가하면 여전히 자세 취하기, 동작 요가가 가장 대중적이긴 합니다. 아사나는 본디 고요하게 앉는다, 내면으로 향하는 몸과 마음의 자세, 나아가 삶의 전반적인 태도 변화를 의미합니다만, 나름 명상의 준비에 유익한 점이 있으므로 여기서는 오랜 아사나의 역사와 종류 가운데 몇 가지를 안내해 드릴까 합니다.

활력을 북돋우는 생명력 충만의 요가 자세들

1 유명한 태양경배 시리즈 중 하나인 반달 자세

2 기운을 북돋는 전사의 자세

3 균형에 좋은 나무 자세

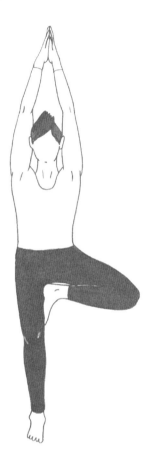

4 중심의 힘을 강화시키는 독수리 자세

푹 쉬고 싶을 때 좋은 자세

1 긴장을 풀어 주는 나비 자세

2 이완을 돕는 낙타 자세

③ 부드러운 허리의 움직임을 돕는 뱀 자세. 다양한 요가 자세마다에는 각기 연관된 근골격계들이 차례로 정렬, 활성화됩니다.

④ 잠이 오지 않을 때 하면 좋은 고양이 자세

집중력을 도와 명상을 준비하는 데 좋은 자세

1 집중력을 돕는 엄지발가락 쥐기 자세

2 명상의 몸을 만드는 데에 도움 되는 큰 뱀의 자세

골반을 이완시켜 오래 앉아 있기 좋은 비둘기 자세

4 머리를 맑게 해 주는 돌고래 자세. 두 손과 양팔은 각자 자유롭게 변형 가능.

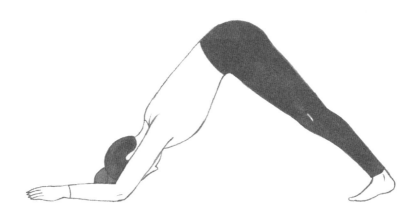

상징적 의미가 풍부하게 들어 있는 요가 자세

1 인간의 진정한 가치는 외면에 있지 않다는 것을 뜻하는 아스타바크라, '여덟 군데가 굽은 위대한 현자의 자세'

2 한때 인간의 조상이 거인족이기도 했었음을 상기시키는 영웅 자세

③ 요가의 지혜는 나누는 데 생명이 있음을 강조하는 요가 교사의 자세

④ 인간 존재의 성장 발달은 한 송이 연꽃의 피어남과 같다는 의미의 연꽃 자세

앞에 소개한 자세에 따라 아사나를 혼자 연습할 때는 아래 원칙을 꼭 지켜야 합니다.

1. 동작에 나를 맞추지 말고, 내 몸의 처지와 형편에 동작을 적용한다.

2. 보여 주기 위한 신체를 만드는 것이 아니라 자유로운 몸을 만드는 데 초점을 맞추며 훈련한다.

3. 아사나를 하는 신체는 프라나가 흐르는 부드러운 멈춤, 움직이는 조각의 상태를 자유로이 오고 가야 한다.

4. 아사나를 다른 표현으로 움직이는 명상, 또한 영혼의 춤이라 부르기도 한다.

5. 신체(身體)를 신체(神體)로 만드는 것이 본래 아사나의 목표였다.

6. 최소한의 신체 정렬을 지킨다. 예컨대 목을 뒤로 너무 많이 젖히거나, 책을 보고 그대로 따라하지 않는다.

7. 몸이 떨리거나 침이 마르거나 부정적인 감정들이 올라오면 바로 돌아와 쉰다.

8. 너무 많이 먹거나 너무 조금 먹은 상태로 훈련하지 않는다.

9. 아사나를 할 때 몸이 점점 커지는 느낌이고 길어지는 느낌이고 텅 빈 느낌이 따라오면 매우 잘, 좋은 아사나 훈련을 하고 있는 것이다.

10. 동작이 완성되는 것이나 아름다워 보이는 것에 집착하지 않는다. 경쟁하듯 하지 않으며 남의 눈을 의식하지 않는다.

11. 평생 훈련할 것이니 서두르지 않는다.

12. 아사나의 의미와 가치, 상징과 표현, 각 자세가 내포하고 있는 에너지에 각자의 내면을 연결하고자 노력한다.

13. 아사나를 하며 머물 때에 텅 빈 고요를 유지하거나 옴 만트라, 각자 좋아하는 긍정적이고 아름다운 문장을 되뇌면 좋다.

14. 아사나를 직접 할 수 없는 신체이거나 상태일 땐 다른 사람들이 취한 자세를 이미지화하거나 상상으로 할 수 있다. 이는 우리들 신체를 고요한 명상으로 이끌어 준다.

기묘한
요가 자세의 의미

동작을 취할 때 많이 듣는 질문, 저 스스로도 요가를 훈련하며 내내 느꼈던 의문 하나가 있습니다. 요가를 오래도록 훈련하고 자세가 점점 발전하다 보면 별별 기기묘묘한 자세들이 출현합니다. 옆의 전갈 같은 자세들 말입니다.

"아, 정말이지 왜 이런 동작까지 굳이 해야 하나요?"

혹시 이런 의문이 드신 적 없으신가요? 시중의 요가책들을 보면 멋진 동작을 수행하는 사진들이 즐비합니다. 제가 요가를 한다고 했더니 작은

—— 전갈 자세

통 속에 들어갈 수 있냐고 대뜸 물어보는 이들도 있었습니다. 대중매체에
흔히 등장하는 고난도 자세들 역시 요가 하면 떠오르는 이미지들이고요.

　인도가 제국주의의 침탈을 받을 무렵, 수많은 아쉬람이 파괴되었고 저
명한 구루와 수승한 첼라들이 피살되는 일이 발생했습니다. 워낙 큰 나라
라 작은 아쉬람 하나만도 우리나라에서 제일 큰 교회에 버금가는 규모였
다고 하지요. 한동안 인도의 요가는 침체기를 맞았지만 대신 다양한 요가
들이 세계로 퍼져나가는 계기가 되기도 했습니다. 지상의 모든 일에 드리

운 이원성의 결과겠죠.

요가의 맥이 사라지는 것을 두려워하던 일단의 요가 스승들은 우리나라 초기 국선도가 차력에 가까운 묘기들로 대중의 시선을 확 끌었던 것처럼 화려한 기예와 육체적 강건함을 과시할 수밖에 없었다고 합니다.

옛 인도 왕국의 레슬링 시범에서 유래된 고난도의 기예와 요가 동작이 호기심 어린 서양인들에게 끼친 파급 효과는 오늘날까지 일정한 세력을 유지하고 있습니다. 줄을 타고 원숭이처럼 내려오는 묘기, 서커스처럼 온몸을 꼬고 비틀고 젖히는 고난도의 기술, 긴 팔다리를 지닌 인도인들에게 적합한 여러 극강의 유연한 자세들 말입니다.

체육관에서 줄을 드리우고, 뜨거운 장소에서 땀을 뻘뻘 흘리고, 심지어 공중 부양과 유체 이탈까지 광고하는 요가의 유행이 입소문을 타고 전 세계에 '요가는 곧 곡예'라는 틀을 만들어 버렸습니다. 요가 마라톤, 요가 자세 유지 경쟁 대회, 요가로 만든 동안과 극강의 체력 등이 바로 우리들 뇌리에 새겨진 요가의 한 역사가 된 것이죠.

이런 요가의 기형적이다 싶은 전파에 대해서 어떤 요가 수행자는 이런 소회를 밝히기도 했습니다.

"어쩔 수 없지 않았을까요? 깊은 잠에 빠진 사람들에게 확 깨는 충격요법으로서 말입니다."

기기묘묘한 요가 동작들에 대한 또 다른 의견으로 이런 것도 있습니다.

"요가 챌린지, 어려운 요가 동작 훈련은 필요합니다. 오늘날 현대인에겐 더더구나 그렇습니다. 그 이유는 안일한 일상, 관성적인 몸의 습관을 일깨우는 데 필요하다는 것입니다. 요가는 몸과 마음과 정신이 연결되어 있다고 믿는 훈련 체계이지요. 몸을 깨우면 마음도 정신도 일어나게 됩니다. 평소 하기 싫은 일, 의지가 박약하여 미뤄 두던 일, 고난도의 동작을 하나씩 익히고 성취할 때마다 그 힘이 깨어나는 것입니다. 어려운 동작하기, 즉 요가 아사나 챌린지는 나아가 잠자는 의식까지 강렬한 의지로써 두들겨 깨우는 좋은 방법입니다."

여러분은 어떻게 생각하시나요?

증상별 요가

"저에게 맞는 요가는 과연 무엇일까요?"

저를 찾아오는 분들이 항상 던지는 질문입니다. 각자에게 맞는 요가, 말 그대로 사람마다 다 다릅니다. 생각나는 분이 한 분 있습니다. 그분은 오랫동안 걷기나 등산을 해 온 분이었습니다. 그런데 오십이 넘어 몸이 자꾸 무거워지고, 관절이 삐거덕거리는 느낌을 받았습니다. 그래서 본인이 해 오던 운동에 더해 몸 전체를 다스리는 건강법으로 요가를 시작했다고 했습니다. 동네 요가원을 한 달 가량 다녔는데 재미도 있고 처음엔 좋았으나 몸이 더 쑤시고 기진맥진해진다는 것이었습니다. 그런데 요가를 마치고 나면 신기하게도 기분이 좋고 마음이 가벼워지더라는 것입니다. 요가를 계속할 수도 없고 끊을 수도 없어 난감하시다는 토로였습니다.

이처럼 많은 분들이 점점 더 요가를 일종의 대체 요법으로 대하고 있습니다. 대안적 치료 방식이랄까요? "암 수술을 받고 회복 중인데 의사 선생님 권유로 요가를 시작하게 되었어요", "강직성 척추염을 오래 앓고 있습니다. 아쿠아 워킹을 하고 있는데 누군가 요가가 도움이 된다고 해서요", "빙판에서 미끄러졌는데 재활 방법으로 요가를 배우러 왔어요. 물리치료랑 병행하려고 합니다."

십수 년 전 제가 요가를 처음 시작했을 때에 비해 사뭇 변화된 시선이 아닐 수 없습니다. 요가를 시작하기 전에 손목을 다쳤던 적이 있었습니다. 그때 정형외과 선생님이 혹시 요가하시냐면서 요가로 다친 분들이 의외로 많다는 것, 요가 같은 것은 절대 하지 마시라고 신신당부를 하셨습니다. 종합병원에 근무하던 젊고 의욕적인, 조금은 특별한 의사분이셨어요. 함께 간 친구가 허리를 삐끗했다니까 혹시 요가를 하셨냐, 절대 하지 마라고도 첨언하셨어요.

요즘 치과에서도 갑자기 턱이랑 이마를 다쳐서 오는 요가인들이 늘어났다는 통계, 아마 한때 유행하던 공중제비 비슷한 요가 스타일 때문이 아닌가 해요. 그런 요가 스타일은 강사들 어깨도 많이 손상시킨다고 합니다. 요가 배우는 분들을 거꾸로 매달아 들어 올리느라 그러는 것이라고 하더군요. 하지만 이젠 요가를 치유 혹은 재활 훈련으로 알고 계시는 분들이 제법 되는 듯합니다. 요즘 들어 퍽 많이 느끼는 변화입니다.

요가 역시 이런저런 증상에 관련해서는 통상 일반적인 의료 과정과 비슷하게 직접적 방식과 간접적 방식이 있습니다. 직접적 방식은 각 증상에 적합한 요가 동작들로 근골격계와 관련된 요가 동작으로 구성되어 있습니다. 증상에 따라 이런저런 동작이 시중에 책이나 인터넷 통신 자료들을 통해 많이 나와 있으니 참고하시면 됩니다. 특히 증상별 요가는 지금 이 책에서 일방적으로 소개하기가 어렵습니다. 한 권 분량만큼의 원고량을 필요로 합니다. 각 증상에 따라 인터넷상의 동영상 자료들을 참고하시는 편이 보다 효율적인 방식이라 생각하여 생략합니다.

한편, 간접적 방식으로는 순환계, 신경계 등을 고루 자극하는 보다 원론적인 요가 동작들이 많이 있습니다. 하타 요가 마스터로 유명한 아헹가의 『요가디피카(요가의 빛)』에 보면 아예 찾아보기란에 증상별 요가 동작이 자세하게 나와 있을 정도입니다.

물론 어렵고 강한 동작도 많아요. 하지만 앞서 유지 시간, 호흡, 시선, 아사나의 본래적 의미, 심상화 등을 잘 활용하신다면 체험적 근거로 보아 꽤 도움이 됩니다. 물론 제가 앞서 제안 드린 몇 가지 원칙들이 중요합니다. 자연스런 호흡, 자세 유지를 위한 부동의 고요함, 동작 사이 휴식, 집중의 방향성을 뜻하는 시선 처리들입니다.

반대로 어서 빨리 낫겠다는 생각, 기술적인 면에 치우친 의지력의 발휘, 의심과 불안 등의 상태로 단지 증상 치료만을 위한 역동적인 자세들을 하는 것, 나아가 과시적인 마음까지 개입되면 사실 통증은 결코 나아질 리가 없습니다.

여기까지가 매우 기초적인 수준의 증상별 요가에 대한 언급이었습니다. 현대 비니 요가(Vini yoga)에서는 요가의 변형 동작, 호흡, 개인별 요가의 처방을 중요한 치료 방법으로 채택하였습니다. 이 역시 비니 요가를 직접 활용하시는 분들이나 유명한 게리 크라프트소우의 이론서들, 다양한 비니 요가 사이트들을 참고하시면 됩니다. 중요한 것은 과연 요가에서 말하는 치료란 무엇인가? 질병이란 무엇인가? 요가에서 힐링이란 또 무엇인가? 등이겠지요.

대다수 요가가 현대 요가에 속하듯 대다수 힐링이나 증상별 요가 역시 현대 비니 요가의 범주를 크게 벗어나지 않습니다. 증상이 완화되고 질병이 완치되는 대체 의학적 수단으로서 요가를 보는 입장이 하나 있습니다. 다른 하나는 전통적 요가의 용어들을 사용하면서 이것을 중요한 힐링 요가라 부르는 입장들입니다. 차크라 힐링 요가, 만트라 힐링 요가, 쿤달리니 치료 요가 등이 있습니다.

사람마다 요가의 단계는 다 다릅니다. 증상도 원인도 따라서 다 다릅니다. 눈에 보이는 육체를 젊고 아름답게 만들고자 하는 분들은 현대 요가의 활동적 동작들을 연습하는 일이 제격입니다. 이런저런 부상이나 육체적 질병을 극복하고자 요가를 찾으시는 분들은 현대 비니 요가의 호흡법, 변형 요가 동작들로 근골격계나 순환 호흡계를 차근차근 잘 돌보시면 됩니다.

문제는 요가를 통해 힐링이란 모호한 단어를 찾으려는 분들의 경우입니다. 차크라 힐링은 병든 이들의 차크라를 모두 투시할 수 있는 희귀한 능력을 가진 고대 리쉬 급에서나 가능한 일입니다. 쿤달리니, 프라나, 만트라, 나다 힐링(소리 치유) 모두 그러합니다. 미세한 감각을 완전하게 사용할 줄 아는 마하요기들이 할 수 있는 일들입니다. 그런데 지금 이 시대의 요가적 상황은 정말 많이 바뀌었습니다.

현대인들에게는 차크라 힐링이나 에너지 치료, 남다른 손을 이용한 수기 치료, 직관 의학 등을 중요한 힐링 방법으로 선택하기 전, 종합병원이라는 아주 좋은 제도가 있음을 일단 인식해야 합니다. 투시, 투청, 축지, 비행 등의 능력을 기대하며, 뭔가 질 알아맞히는 것 같으니 다른 능력도 있겠지 추정하며 사이비 요가 치료사들에게 의존하기 전에, 엑스레이, CT, 초음파 등 거의 초월 마법의 수준으로 계발된 과학과 의학이 있다는 것을요.

주술사, 샤먼, 그리고 진정한 힐러 사이의 구별은 대체로 일반적인 상식에 의거합니다. 앞으로 이삼 백 년 이내 대부분 사람들은 투시력이 가능해지고 의사들은 에너지체를 소리며 색깔들로 치료하는 시대가 온다고 합니다. 옛 요가의 문헌들은 이를 새로운 현대적 해석을 통해 연면히 우리에게 전해 주고 있습니다. 그때가 되면 우리 육체의 다중적인 원리가 과학적으로 일부라도 확연히 증명될 것입니다. 무엇보다 죽음이란 없으며 육체의 소멸, 즉 형태의 파괴는 그저 옷을 갈아입는 것뿐이란 인식이 아마 일반적인 상식으로 자리잡을 것입니다. 그 이전까지 더 중요한 치료나 힐링 방법은 오히려 차크라, 호흡의 멈춤, 쿤달리니 각성법이 아니라

지성의 연마, 상식의 배양, 신념과 이성의 고양일 것입니다.

현재 인류의 질병 대부분, 기아나 전쟁의 원인 대부분은 무지와 이기심, 탐욕에 의한 것이지 투시력이 없거나 호흡을 오래 참지 못하거나 물구나무를 못 서서 생기는 것들이 결코 아닙니다. 요가는 이 모든 인간의 성장 지점들을 낱낱이 흡수하여 그 다음, 또 그 다음의 선한 발전으로 이끄는 시대적 가르침이자 질병의 원인과 회복까지 망라하는 수행 체계였습니다. 환자가 지닌 의식은 탐욕적, 이기적, 물질적인데 치료법은 영적, 직관적, 에너지적 치료를 추구한다면 그 자체가 이미 비상식적인 욕망으로 끝나게 될 것입니다.

왜 사람마다
다르게
요가를 체험할까?

"저는 이제 정말이지 요가중독자가 되었어요", "그냥 좀 따라하다 보니까 기분이 너무 좋아요", "몸이 점점 커지는 것 같고요, 열감도 고루 퍼지는 것이 잡념도 다 날아가는 것 같아요", "달리기나 댄스할 때와는 다른 은 은한 희열이나 고요한 활력이 느껴집니다. 이게 뭘까요?" 초보 요가 훈련자들에게 심심찮게 듣는 소감들입니다.

"너무 이상합니다. 요가 동작을 하는데 울컥 하면서 지난 시절, 특정한 기억이 떠올랐어요. 뭔가가 제 속에서 휘저어지는 것 같네요", "저는 구부러진 다리 좀 펴러 왔을 뿐인데, 뭔가 알 수 없는 소리나 향기를 느꼈어요. 호흡도 말할 수 없이 고요하다가 사라져 버리는 것 같아요", "누군가 제 얼굴을 쓰다듬고 토닥이는 것 같았어요. 무섭지는 않았지만 매우 낯설군요." 신기합니다. 가능한 일일까요? 착각이나 망상 아닐까요?

이런 일도 있었습니다. 작년 여름, 요가를 하러 찾아왔던 젊은 여성이 있었습니다. 몇 번의 전화 끝에 요가에 관한 상담을 하고 싶다고 했습니다. 만나 보니 대학원에서 인문학 계열의 공부를 한다고 했고, 요가를 시작한지는 두어 달 되는데, 뭔가 새로운 체험을 했다고 했어요. 그런데 왠지 옷차림이 젊은 여성들이 선호하는 전형적인 스타일은 아니었는데 그 이유도 알고 보니 그리 길지 않은 요가의 체험 때문이었습니다.

"어떤 요가 수련을 하셨나요?"

"그냥 동네에서 하는 평범한 요가였어요. 어떤 날은 빠르게 계속 움직이며 땀을 흘리기도 했고, 강사님이 바뀌는 어떤 날은 한 호흡에 한 동작을 하기도 했고요."

"네에, 그래서요?"

"동작을 마치고 나면 자주 낯선 어떤 새로운 느낌이 오는데, 이를테면 몸이 아주 커져요. 몸이 아주 커다란 풍선처럼 부풀어 오르는 거예요. 저는 그 느낌이 너무 좋아서 눈을 감고 그냥 앉아 있어요. 뭔가 저절로 명상이 된다고 할까요. 그런데 이런 게 명상 맞나요, 선생님?"

그분은 원래 몸이 가느다랗고 마른 편인 젊은 여성이라 늘 딱 붙는 스타일의 옷을 선호했답니다. 그런데 점점 그런 옷을, 소위 젊은 여성다운 핏의 옷을 잘 못 입겠고 무채색이나 흰빛, 상아빛 옷들이나 회색, 갈색 옷들을 고르게 되었다고 해요. 아주 풍성한 주름이나 흘러내리는 실루엣의 옷들을 좋아하게 되었다고요.

"요가가 뭔데 왜 이런 경험이 일어나는 거죠?"

몇 해 전엔 이런 일도 있었습니다. 여러 분이 모여 40분 남짓, 침묵 가운데 아사나들로 몸을 움직이고 난 다음이었어요.

"저, 좀 신기한 경험을 했어요."

그분은 환갑을 갓 넘긴 여성분이었고 오랜 세월 불자로서, 한 절의 음식을 하는 공양주로서 정기직으로 절을 다니셨던 분이었어요.

"한 동작을 하고 나서 다음 동작으로 가기 전에 멈춤이 일어나고 바라봄이 일어나는 그즈음에 정말이지 말로 형용할 수 없는 은은한 향기가 깊이 맡아졌어요. 뭐랄까, 향기가 주위를 감싸는 듯한 느낌이랄까?"

처음 요가를 한 다음, 눈앞에서 초록빛 꽃무리가 아롱대면서 그 안에는 핑크빛 꽃잎들이 겹쳐 번지는 바람에 요가 시간 내내 황홀했다는 분도 계셨습니다. 또 몇 해 전 제가 대학원 청강생으로 호흡 수련을 한 학기 배운 적이 있었습니다. 그때 호흡 훈련을 마치고 잠시 호흡에 집중을 하였더니 소감들이 참으로 다채로왔더랬습니다.

"하얀 눈꽃 송이가 공간 가득 번지며 내려오는 환상적인 장면을 봤습니다", "몸이 너무 뜨거워 타버리는 줄 알았어요", "저녁에 이렇게 수련하고 집에 가면 며칠 동안 밤마다 밤하늘의 별들이 쏟아질 듯 보이는 어떤 환상 같은 장면이 펼쳐지고 온몸에 열꽃이 피어서 잠을 이룰 수가 없었어요."

다른 곳에서 요가를 오래 수련하신 분의 소감도 기억납니다.

"저는 명상만 하면 어떤 분의 음성이 깨어나기 시작해요. 그리곤 그분이 늘 제 귀에 '너는 세상의 소명이다, 소명이다.' 하는 말을 계속 속삭이시곤 합니다", "이제 저는 좀 알겠어요. 요가는 분명 다른 세계로 들어가는 입구로군요. 정말 신기합니다."

책으로 요가를 스스로 습득하셨다는 분들 또한 예외는 아닙니다.

"책에 나온 대로 매일 만트라를 한 시간씩 했습니다. 머리끝이 쭈뼛거리면서 등이 휘더니 저도 모르게 절을 하고 있었어요. 그래서 저는 그 책을 지으신 라즈니쉬를 스승으로 모시고 귀의하기로 했습니다."

"그런데, 계속 혼자 하시지 왜 찾아오신 거죠?"

"실은, 좀 무섭습니다. 몸과 마음을 스스로 조절할 수가 없어요. 자꾸 환청 같은 것도 들리고요."

원래 신경이 아주 예민하고 감각이 아주 발달되어서 힘들었다는 분들도 다수 만났습니다.

"잠도 잘 못 자고 꿈도 너무 많아요", "후각이 너무 예민해서 지하철을 못 타요", "피곤하게 구는 사람들 속에서 있다 돌아오면 며칠을 앓아눕곤 합니다", "싫은 사람 앞에서 티가 너무 팍팍 나요. 제어가 안 됩니다", "환청도 이명도 아닌 소리가 늘 주위를 맴 돌아요", "소리 감각이 너무 발달해서 음악을 하게 되었어요. 음악을 듣거나 만들고 있으면 그나마 좀 낫거든요."

요가를 신체 위주 활동으로 알던 분들에겐 위와 같은 사례는 낯설고 두렵기까지 할 것입니다. 반면 그런 체험이 매혹적이고 흥미로워 한 발 한 발 요가의 세계에 진입하신 분들도 다수 계실 겁니다.

이 모두는 호흡을 따라 몸을 따라 허공의 움직임을 따라 심신을 두드리는 정묘한 생기 에너지인 프라나와 조우한 경험입니다. "잠들어 있던 에너지가 몸을 일으켜 움직이기 시작한다. 그것을 일러 프라나, 생기력이라 한다."고 옛 경전은 말합니다.

그럼 이제부터 이런 생기력을 어떻게 조절하고 훈련하여 요가의 목표인 새로운 육체를 만들기에 부드럽게 진입할 수 있을지 알아보기로 합니다. 앞의 사례들처럼 무심코 요가를 따라하다가 감각이 지나치게 예민해진 분들이나, 심신의 건강을 회복하고자 요가를 시작했다가 결국 호흡, 휴식, 이완의 문제에 걸려 요가를 다시 보게 되는 분들의 경우, 이 단계에서 요가를 새삼 만나게 됩니다.

초등학교 아이들이 잘 먹고 잘 뛰어놀고 친구들과도 잘 어울리며 다양한 경험을 해야 잘 큰다는 것은 이미 상식입니다. 이때 아이들의 생생한 감각이 외부의 자극을 적절히 잘 받아야 모든 잠재력이 찬연히 꽃 피워지는 것처럼, 나이가 들면서 감각과 호흡마저 서서히 잠들어 가는 어른들에게 요가 훈련은 바로 그런 아동기의 생명력을 완전하게는 아니라도 한결 또렷하게 되돌려 주는 역할을 해 줄 수 있습니다.

숨을 잘 쉰다는 것이 그래서 중요합니다. 생명 에너지를 제대로 흡입하고 배출하면서 세포 구석구석까지 신선한 생기를 순환시킬 때 오감이 피어나고 명징한 심신이 유지됩니다. 이때 필요한 요가 자세들이 있습니다.

막혀 있던 가슴을 열어 주고, 횡격막을 비틀면서 호흡기관을 두드리는 아사나들입니다. 두 팔을 사용하고 겨드랑이, 어깨, 목 등을 부드럽게 해 주는 자세들입니다.

상업 요가, 대중 요가, 피트니스 요가 등으로 불리는 무수한 현대 요가 들의 기여가 있다면 이런 자세들을 계발하고 대중적으로 전파한 것입니다. 요가 자세를 잘 따라하는 것도 중요하지만 앞에서 언급했던 원칙들을 지켜야 합니다. 신체를 에너지를 담는 빈 그릇으로 생각하고, 아사나 자세를 잡은 후에는 고요한 가운데 11초 가량을 머물며, 자세 사이에 막간을 유지하고 한 동작이 끝난 후에는 고요히 머무는 시간이 반드시 필요합니다.

요가에서
감각이란
무엇인가?

"감각이란 무엇일까요?", "감각의 유래는요?", "감각은 모두 몇 가지일까요?", "다양한 생명체엔 또 얼마나 많은 감각이 있는 걸까요?" 처음 고전 요가 경전들에서 이런 질문들을 만났을 때 저는 굉장한 전율이 느껴졌습니다. 어떤 철학보다 심오한 질문이라 여겼으니까요.

지금껏 우리가 받아 온 교육에 따르면 우리는 시각, 청각, 미각, 후각, 촉각이라는 다섯 가지 감각을 가지고 있습니다. 각 감각은 눈, 귀, 혀, 코, 살갗과 같은 해당 신체 기관을 통한 작용이고, 이를 모아 중앙에서 관리를 맡는 뇌란 것이 있다고 배웠습니다. 가시광선 범주의 무지개는 당연히 일곱 빛깔이며, 사람이 죽으면 뇌를 포함한 신체가 부패되기 시작하고, 그러면 모든 것이 끝이라는 결론을 내렸습니다. 그것을 믿고 따르는 것이 지극히 정상적이고 당연한 것이었습니다. 그런데 이런 의문이 들지는 않으십니까?

그런데 이들 감각도 진화하였나? 그렇다면 앞으로도 인류의 감각은 계속 진화할 것인가? 호흡은 자율적인 과정인데 과연 훈련될 수도 있는 것인가? 왜 고대의 요기들은 호흡을 중시했나? 숨 쉬지 않고 땅에 묻혀 한 달 만에 깨어났다던 요가계의 숱한 전설들은 사실인가, 거짓인가? 그렇다면 인간의 호흡과 감각은 얼마나 더 많이 변형될 수 있을까? 이런 것이 초능력이고 초감각의 세계인가? 그렇다면 요가란 결국 공상 과학 혹은 판타지 장르인가?

요가 훈련 과정에서 필연적으로 신체의 자각, 호흡의 자각, 감각의 예민함이 따를 수밖에 없습니다. 그리고 그 감각은 앞의 사례들에서 보았듯이 사람마다 다르게 발전하며 나타납니다. 예를 들어 투시와 투청, 분별지와 직관지, 상대의 마음을 읽을 수 있는 능력 및 전설 속에나 등장할 각종 신통력이 기나 긴 요가 훈련을 통해 실제로 증득될 수 있습니다. 이때 정말이지 스승의 존재, 내면을 이끌어 줄 위대한 선배들의 존재가 중요합니다. 그런 기이하고 다채로운 감각이 느껴질 때 이를 바르게 발전할 수 있도록 이끌어 줄 수 있는 내공 충만의 스승님들 말입니다.

"제자가 준비되면 스승이 나타난다. 제자가 한 걸음 다가가면 스승은 열 걸음 다가온다." 그렇게 만난 스승의 안내로 감각의 확장은 제 길을 따라 점점 피어나게 될 겁니다.

하지만 대부분 현대인에게 현실적이고도 상식적인 살아 있는 스승을 만나는 일이란 거의 불가능에 가까운 일일 겁니다. 그러므로 그 대신 진력해야 할 가장 중요한 요소가 정견(正見), 즉 지식의 불순함을 배제하는 과정입니다. 제대로 된 이론 공부가 필수적인 단계란 의미입니다. 그 이후에라야 비로소 거창하게는 개념과 사변과 아는 것으로부터의 자유라고 하겠고, 소박하게는 이 경험이 무엇이냐는 대상화가 따라야 사견에 빠지지 않는 것입니다.

호흡과 감각이 여러 경로로 안정되고 활발한 작용이 일어나게 되면, 이젠 조금 다른 감각이 일어나고 조금 넓어진 세계에 대한 인식과 자각의 단초가 조금씩 시작되는 것입니다. 이때가 정말 다음 단계의 발전을 위해 중요합니다. 여기서 반드시 모든 일어나는 현상을 보다 고요히 바라보도록 하는 훈련법이 필요합니다. 막연한 욕망이 좀 더 순화되기 위해서랄까요? 필요한 자각이 좀 더 깊어지기 위해서랄까요?

이때 필요한 것이 마음챙김 요가입니다.

마음챙김
요가란
무엇인가?

그렇다면 마음챙김이란 무엇일까요? 앞서 말한 여러 경험들을 만났을 때, 요기는 어떤 자세로 그 경험을 대해야 할까요? 그런 지침을 준다는 점에서 마음챙김 요가는 탁월한 길잡이 요가라 하겠습니다. 제대로 잘만 이뤄진다면 말입니다.

마음챙김에 관한 견해와 이론은 아주 많고 깊습니다. 다만 여기서는 요가의 훈련 과정에서 점점 깨어나고 피어나는 호흡과 감각을 어떻게 잘 이끌 것인가를 중심으로 정리해 보도록 하겠습니다.

기억이라는 뜻의 마음챙김은 단지 기억이 아닙니다. 팔리어로는 사티(Sati), 힌두어로는 스무르티(Smṛti)의 정의는 분명합니다. 마음을 챙기는 것만이 아니라 마음이 바라보는 모든 대상을 철저히 주시하는 것입니다. 다시 말해 마음이 대상을 챙기는 것이죠. 그러다가 점차로 마음이 대상을 보는 그 마음을 다시 통찰하고, 관조하고, 꿰뚫어 알아서 결국 지혜에 이르는 것을 뜻합니다.

요가학자 엘리아데가 '요가는 인류에게 남긴 가장 위대한 선물'이라 한 의미는 이렇습니다. 요가가 인류로 하여금 내면의 관찰자를, 즉 의식의 목격자를 드러내고 정립해 준 일이라는 것이죠. 모든 영적 수행의 시작에서 내면의 관찰자, 의식의 목격자가 존재한다는 가정과 믿음, 확신은 무척 중요합니다. 이는 모든 원형적 동화들에 나오는 나뭇가지에 묶인 붉은 실처럼 내면의 길, 나아가 돌아갈 집을 찾는 데에 중요한 이정표가 됩니다.

호흡이 일어나고 사라짐을 마음이 주시하고,
감각이 일어나고 사라짐을 마음이 주시하고,
마음이 나아가 또 다른 한 마음을 주시한다.

모든 기분이, 감정이, 생각이, 삶이, 역사가 일어나 흐르고 멈추는 것을 생생히 주시하고 챙기는 것, 이 모든 것들이 어우러져 줄곧 한 방향으로 가다 보면 비로소 어떤 한 순간, 맑고 휘황한 의식의 순간을 만납니다. 비로소 관찰자가 드러나 다시 또 주시하는 것만으로도 이제 요가는 안전하

—— 호흡과 감각을 바라보기 좋은 좌법

고도 튼튼한 울타리 속에서 변화와 변형의 한 걸음을 내딛게 됩니다.

그렇게 되면 요가에서 동작과 호흡과 감각은 점점 더 다층적인 몸과 조화를 이루며 편안해집니다. 1부에서 러시아 인형 마트료시카로 비유했던 오중의 덮개인 인간의 몸 말입니다. 물론 쉽지 않습니다. 시작 단계에서 일단 호흡과 감각을 발견하는 것으로 다시 돌아가도 됩니다. 그럴 때면 배를 많이 움직이는 호흡 자세, 가슴을, 쇄골을, 늑간을 자각하는 호흡 자세들을 충분히 하고 이제 앉아서 여러 가지 명상 자세들을 취합니다.

그런데 통념상 초기 불교적인 수행법인 마음챙김과 요가적인 마음챙김 수행법을 결합하는 것에는 약간의 단계가 필요합니다.

신체의 움직임을 통한 몸 챙김

현대 요가에선 동작의 일어남과 사라짐이 마음챙김 요가에서의 주요 영역입니다. 때로 신나는 리듬, 신성함을 자아내는 음률, 타악기의 고동, 다양한 진동의 나다(소리)들이 현대 요가의 도우미들로 쓰입니다. 그런데 점차 요가의 훈련 기간이 길어지고 깊어지면 사실 외부의 여러 소품이나 장치들은 점점 불필요해집니다.

호흡 세기를 통한 호흡 챙김

일단 호흡의 숫자를 세면서 아사나를 유지하는 것부터 시작하는 것이 좀 더 부드러운 시작이 되겠죠. 이때 라자 요가의 만트라를 저는 주로 활용합니다. 동작을 일으키고 시선을 안정되도록 고정하고 마음속으로, 아니 두뇌 속에서 천천히 옴 하나, 약 2.5초의 길이를 헤아리기 시작합니다. 이렇게 24번을 세면 1분이 됩니다. 처음의 집중 시간을 11초, 부동이라고 말씀드렸죠? 그렇게 되면 2.5초씩 옴 만트라를 네 번 하는 정도입니다. 육체의 호흡은 자연스럽게 쉬도록 합니다. 헷갈려서 호흡과 옴을 일치하겠다고 하신다면 10~12번의 들숨날숨마다 옴을 하나씩 얹어 자연스레 진행하시면 각자 자연스런 동작의 유지 시간이 나옵니다. 음악을 틀거나 거울을 보지 않아도 지루하지 않고 고요해지는 방법입니다. 이것은 혼자서도 할 수 있고 여럿이도 가능합니다.

침묵의 응시를 통한 감각 챙김

감각을 고요하게 활용하여 일어나는 모든 현상을 주시하는 것, 요가에선 쟈넨드리야(감각기관)를 사용하여 고요함, 즉 사트바에 이르는 방식이라 부릅니다. 쟈넨드리야 요가를 사티 요가라고도 할 수 있겠습니다. 요가의 용어들은 마치 심연의 바다와도 같은 인도 및 고대국가들의 오천 년 전통을 이리저리 자맥질하며 헤매는 중이라서, 이런 용어들의 대차대조에 너무 신경 쓸 필요성은 없다고 봅니다. 다만, '동작을 일으키는 행위'에서 '주시, 명료하게 깨어 바라보는 행위'로 가는 길이 바로 요가의 길이라는 것, 마음챙김 요가는 본디 그 올바른 방향성을 통해 요가를 깊은 명상으로 이끌고자 한다는 것을 말씀드립니다. 올바른 방향성은 여기서 대개 붓다의 위대한 가르침입니다.

요기를 일컬어 강둑에 앉아 있는 자라고 합니다. 신성한 생명의 흐름을 초연하게 바라보는 자라는 의미입니다. 하타 요가의 경전에서 "공=라자 요가=텅 빈 충만=사트바(진리, 흐름)=순수함=편안함(사하자)=사마디…"라는 구절이 나옵니다. 호흡과 감각을 바라보는 것은 요가에서 시종일관 요구되는 바른 태도이자 명상 과정이라 하겠습니다. 그것은 마치 눈에 보이지 않는 순수함이라는 갑옷을 입고 적진에 나아가는 무구한 아이들과 같은 상태, 평화와 사랑의 메시지를 전하는 요기들의 고향을 칭하는 경구이기도 합니다.

호흡 조절과
감각 조절이란
무엇인가?

"눈을 감고 있으면서 한 동작 한 호흡 한 감각 바라보는 것이 때로 너무 낯설고 무섭습니다", "막막한 암흑과 침묵이 몹시 갑갑하게 느껴집니다", "허공을 바라보면 볼수록 더 많은 생각이 더 세차게 일어납니다."

실제로 눈을 감고 주시하는 요가의 방식을 계속하다 보면 때로 이런 반응과 경험이 일어나기도 합니다.

뭔가에 마음을 매어 두는 것이 요가의 어원적 의미였습니다. 때로 고요함 이후의 고요함이 잘 되지 않거나, 어떤 단계에 이르러 다음으로 나아가려 할 때 주로 찾아오는 소강상태, 혹은 퇴행적 반응도 비일비재합니다. 그렇게 되면 다시 눈을 또렷이 뜨고 더 역동적인 동작에 집중하거나 잠시 요가를 쉬는 것도 좋은 방법입니다. 결국 요가의 완성은 모든 요가를 떠나면서 이루어진다는 선문답과 만나게 됩니다. 요가로부터의 자유가 진정한 요가의 길이기도 하다는 말을 곰곰 생각해 보시길 바랍니다.

감각들을 세세히 뚫어 바라보고 모든 현상을 능동적으로 응시하며 동작과 호흡을 끝없이 고요히 가라앉히고 나면 잠시잠깐 마치 뭔가 이루어진 것 같습니다만 바로 앞서의 경험과 같은 일들이 자주 벌어집니다. 허무함, 공허감, 막막함, 어둠, 지루함, 단조로움, 분리감 등이 찾아오는 것입니다.

그러나 완전히 지치고 바닥을 친 것 같은 그 자리야말로 마지막 힘을 내어 계속 더 나아가는 일이 필요합니다. 이제야 비로소 가슴까지 차오르는 또 다른 성장을 향한 갈망이 생긴다고 할까요? 그렇습니다. 이제야 비로소 고전 요가의 입구인 프라티하라에 이른 것입니다.

프라티하라(Pratyahara)는 제감법, 즉 감각 통제를 의미합니다. 발견하고 바라보고 챙기고 응시하여 서서히 잡티를 제거하고, 밖으로 뻗은 촉수를 거둬들이는 것입니다. 세상으로 난 문을 닫고 내면이라는 완전히 새로운 감각의 세계로 나아가는 일, 새로운 호흡의 정의를 받아들이는 일, 고전 요가에서 이르는 프라나야마, 즉 호흡 훈련과 프라티하라, 즉 감각 훈련입니다.

본격적인 감각 제어와 호흡 제어로 들어서기 전, 잠시 동안 일어나는 모든 감각과 호흡과 나아가 생각과 감정, 느낌 모두를 마치 탐조등이 비추듯 샅샅이 비추어 사라지도록 하는 과정이 한동안 필요합니다. 요기가 강둑에 앉아 있다는 것이 그저 멍 때리며 앉아 있는 것은 아닙니다. 마치 오래도록 짝사랑하는 이에게 간절히 구애하듯, 남겨진 재산 모두가 홍수에 떠내려가고 있는 중에 강가에서 자신의 귀중한 물건을 이 잡듯 찾아 건져야 하는 절실한 수재민이 된 듯, 초연하면서도 그 응시는 살아 있어야 하고 의식은 깨어 있어야 합니다.

멍하니 있는 수동적인 감각 철수라면 혼수상태나 기절과 다를 바가 없으니까요. 그런 것은 집중이라고 할 수도 없고, 마음이 대상을 챙기는 것도 아닙니다. 다시 말하지만 강둑에 앉은 요기는 투명하고 적확하게 일어나는 모든 현상을 통찰하는 감각의 힘으로 조망하고 적극적으로 빛을 쬐이는 작업을 말없이 고요히, 그러나 내면으론 아주 역동적으로 시행하는 중인 것입니다.

> 모든 요기들의 감각은 당연히 비정상적으로 예민한데, 이 사실을 명심해야 한다. — 「요가수트라」 1:35

본격적인 고전 요가에서 이제 호흡과 감각은 단순히 대상이 아닙니다. 스스로 능동적이고 주체적으로 인간 존재를 변형시키는 작용을 합니다. 하타 요가의 목표는 뚜렷합니다. 잠들어 있는 무한한 우주적 잠재 에너지인 쿤달리니를 깨우는 것입니다.

뱀처럼 똬리를 튼다는 의미로 쿤달리니라는 단어만으로도 수십, 수백 권의 주장과 해설이 가능할 만큼 요가의 요체이자 대표적 개념입니다. 하지만 그것은 주로 호흡법과 무드라라고 하는 신비스런 행법, 스승이 제자에게 직접 구전으로, 실제적 훈련으로 전승하곤 했습니다. 이때 스승은 천신과도 같은 데바구루입니다. 위대한 스승이란 의미의 마하구루들이 제자에게 직접 신비스런 행법을 전수하러 천상에서 하강한다고 알려져 있습니다. 사람으로 잠시 현현한다고 말입니다.

위대한 스승들의 쿤달리니 각성 전승에선 '정화법'이 필수였습니다. 음식을 철저히 가려 먹고 심신을 완전히 순백하게 정화시키고 스승의 은총이 제자에게 임할 때 진정한 의미의 하타 요가는 시작되며 완성됩니다. 하지만 하타 요가의 뚜렷한 한계는 바로 경전의 적용과 해석에 있습니다.

숨을 지칠 때까지, 아니 기절할 때까지 참는다.

소변의 중간 단계를 받아 마신다.

요도에 긴 대롱을 집어넣는다거나 사정을 참는다.

거꾸로 역전 자세를 하고 매일 2시간씩 머문다.

소금물을 항아리 가득 마시고 토한다.

목구멍으로 기름 바른 솜뭉치를 삼켰다 뱉는다.

혀를 길게 늘여 빼고 천으로 묶어 목구멍 뒤로 말아 올린다.

물이 흐르는 곳에서 하의를 완전히 벗고 앉아 있는다.

하타 요가 경전에는 위와 같이 여러 가지 가르침과 조건 들을 제시했습니다. 하지만 이 책에서 그것을 전달하는 것은 그리 큰 의미가 없습니다. 인류 의식의 청년기에 접어든 지금 우리에게 필요한 요가는 이제 조금 다른 접근을 해야 할 때라고 저는 믿기 때문입니다. 아울러 과거의 요가를 현대 도시민들이 문헌대로 따라한다는 것, 기법을 고수한다는 것은 헌 부대에 새 술을 담는 것과 마찬가지일 것입니다. 낡은 부대가 터지거나 새 술이 향기를 잃거나 말입니다.

혹시 소년소녀들에게 호흡을 전수하여 신탁을 하게 했던 시절의 요가와 유사할지도 모르고, 당대엔 반드시 적용해야 할 심오한 뜻이 있을지도 모르겠지만, 이를 문자 그대로 따라했을 때 보통의 현대인들이 겪을 고통(혐오감과 불쾌감)은 쉬 상상이 가실 겁니다.

경전은 매우 귀한 것이고 함부로 해서는 안 되지만 경전을 여는 열쇠는 각 시대에 적합한 지혜로운 해석에 있다 하겠습니다. 라자 요가에서의 하타 요가는, 하타 요가를 위한 하타 요가의 해석을 육체적으로 하지 않는다는 점에서 아예 다른 길로 가게 됩니다.

예컨대 프라나는 정묘한 에너지 전체이지 가스교환과 같은 육체적 호흡만은 아니라는 것, 프라티하라는 감각 바라보기, 감각 일깨우기, 감각 챙김을 넘어선 내면 감각의 세계를 무한히 열어젖히는 침묵 속의 내적, 감각 훈련이라거나, 무드라는 손가락을 쓰는 것이 아니라, 심상화를 통한 명상과 기도를 하는 것이라는 등의 해석과 적용이 바로 그것입니다.

물론 공통점도 많이 있습니다. 요가의 오랜 주요 용어들을 두루 함께

씁니다. 프라나, 아파나, 사마나, 우다나, 브야나 등의 바유(에너지의 흐름, 바람, 기라는 의미)들 이름, 쿤달리니, 샥티, 시바, 비슈누, 브라만 등의 우주관, 삼신사상, 차크라, 무드라, 다라나, 드야나, 사마디, 니르바나, 목샤 등. 또한 라자 요가와 하타 요가 모두 아사나를 할 때에는 부동, 멈춤, 유지가 원칙입니다. 고요히, 오래오래, 움직이지 않으면서 프라나를 운용합니다. 이렇게 보면 우리가 경험하는 현대 요가는 그러므로 대개 다 진정한 탄트라도, 쿤달리니도, 라야도, 하타 요가도 아닙니다. 이 역시 1부의 내용을 참조하시기 바랍니다.

그럼 이제 호흡과 감각의 변형 단계에서의 실습법을 조금 안내해 드리겠습니다.

라자 요가에서 프라나야마는 거친 몸, 즉 물질 몸을 부패하지 않도록 유지하는 만큼만, 에너지체와 연결이 끊어지지 않을 만큼만, 자연스레 호흡을 합니다. 호흡은 알아서, 자연스럽게 자율에 맡깁니다. 그러다 앞서 두 단계의 방식, 즉 깊고, 고요하고, 완만하고, 규칙적으로 호흡하게 되면, 자신의 호흡을 주시하는 과정을 거쳐서 호흡의 중요성을 인지하고 호흡을 고요히 가라앉혔다면, 이젠 호흡을 아주 잊어도 됩니다. 호흡에 더 이상 집중을 할 필요가 없습니다. 바로 감각의 제어, 즉 프라티하라로 나아갑니다.

감각을 통제하는 프라티하라는 외부의 경험 세계, 물질계, 현상계, 혹은 작은 의미의 현현계, 우리가 익숙한 나날의 생활 세계로 무심코, 익숙하게 뻗어 있는 촉수를 잡아당긴다는 의미입니다. 프라티하라를 상징하

—— 거북이 자세 - 목과 사지를 움츠러든 거북이 모습

는 거북이 자세(쿠르마 아사나)를 보시죠.

쿠르마는 거북이란 뜻입니다. 마치 거북이가 머리를 포함하여 사지를
움츠러들 때처럼 밖으로 향해 뻗은 다섯 감각을 거두어들이는 것이 프라

티하라입니다. 꼬리까지 합하면 여섯 감각입니다. 마나스, 즉 생각의 감각, 감정과 뒤섞인 생각들, 일반적으로 의식이라는 것을 거둬들이는 것입니다. 역시 다차원적인 이해와 실습과 적용이 가능하겠죠?

일단, 육체적 차원에서는 쿠르마 아사나 자세를 통해 감각을 거두어들이는 프라티하라를 합니다. 직접 해 보면 알겠지만 쉬운 자세가 아닙니다. 요가 초보자는 11초 정도 유지한다고 생각하시면 좋습니다. 사실 1~2년쯤의 집중적인 몸 단련이 필요합니다. 쿠르마 아사나 자세를 3분 정도 유지하면, 신체가 상당히 고요해집니다. 호흡도 심장도 맥동도 조금씩 차분하고 침착해집니다. 이어 감각 차원에선 앞서 소개한 여러 가지 명상 자세들을 바로 시도합니다.

이것이 호흡과 감각 차원의 프라티하라입니다. 다시 말해 우리들 거친 몸에 침투해 있는 도플갱어와 같은 신체, 기체(氣體), 에너지 몸을 가라앉히는 것입니다.

일단 몸을 부동으로 하므로 촉각이 제어됩니다. 눈을 감으니 시각이, 향을 통해 후각의 제어와 집중이 동시에, 미각은 혀를 입천장에 붙이므로 집중과 제어가 동시에, 청각은 이제 외부의 소리, 즉 소리 내는 만트라나 악기, 음악의 단계를 거쳐 침묵의 소리, 소리 없는 소리에까지 주의를 기울입니다.

이제 감각의 방향 문제가 대두됩니다. 늘 그렇지만 버리기만, 바꾸기만, 벗어나기만 하는 것으론 부족합니다. 방향성이 항상 기다리고 있습니다. 대체 감각을 어디로 거두어들일까요?

감정과 욕망으로
마음이 힘들 때,
박티의 길

오랜 시간, 나름 야마와 니야마도 착실히 지키고 꾸준하고 성실하게 요가를 훈련했다지만 그래도 해결되지 않은 뭔가가 수시로 고개를 들 때가 있습니다. "마음이 힘들어요" 하는 말, "내가 누군지 모르겠어" 하는 푸념들…. 기복이 심한 감정, 욕망의 영역이 아직 해결되지 않은 신호이죠. "이상하다, 안 되는 동작도 없고, 숨도 깊어졌고 심지어 고요하다 못해 순간 사라질 정도로 바라봤는데…." 이게 뭘까 싶은 허망함이 밀려오는 순간이 있습니다.

무척이나 성급한 기질의 소유자인 인간은 뭔가 하나 진력을 다해 실천하고 나면 은근히 보상과 대가를 야심차게 꿈꾸게 됩니다. "요가를 몇 달이나 했는데 왜 아직도 마음이 명경처럼 가라앉지 않을까요", "아침저녁으로 오르내리는 기분 때문에 정말 죽겠습니다", "'내 마음은 호수요'라는 노랫말이 저란 인간에게는 평생 '해당사항 무'인 듯합니다", "사진에서 보면 인도 요기나 사두 들은 해맑게 웃던데요."

그럴 때 정말이지 바로 떠오르는 말이 죄송하게도 바로 '꿈 깨!'입니다. 저 스스로에게 늘 이르는 말이기도 합니다. 사실 우리 현대인들에겐 자신의 감정 하나 제대로 다스리고 평정하는 일이 마음공부의 거의 다가 아닐까요?

요가를 하면 획기적으로 나란 사람이 바뀔 것 같고, 어제와 다른 새로운 인생이 펼쳐질 것 같은 기대와 더불어 그 감정을 극복하는 열쇠는 자기 안에 있다거나, '내가 문제'라는 식의 믿음 또한 '깨'야 할 고정관념이기도 합니다. 그래서 차근차근 세상에 나온 많은 방법들을 겸손한 마음으로 조금씩 따라하며 시작해 보는 것도 좋은 자세입니다.

박티 요가의 수련 가운데 대표적인 것이 만트라의 암송입니다. 요가 만트라에는 아래와 같은 것들이 있습니다.

옴(조화로움, 영원한 평화를 기원하는 음가, AUM, OM)

옴 마니 파드메 훔(연꽃 속의 보석이여! 참 나에 대한 찬탄, 기원의 문장)

옴 나모 바가바데 바수데바야(오, 신성한 존재여, 경하합니다. 범우주적 생명

에 대한 찬탄)

좌우명도 좋습니다. 저는 고등학교 윤리 시간 이 구절을 받아 평생 간
직하며 삽니다. 소크라테스의 '너 자신을 알라.'는 너무나 유명한 구절입
니다. '신의 음성을 들어라, 다이몬의 소리, 내면의 소리, 양심의 소리에
귀 기울이라' 또한 잘 알려진 구절입니다. 여기에 다른 하나, 저는 이것이
평생의 아주 실용적인 차원에서의 좌우명이었던 것 같습니다.

'Simple Life, High Thinking!'

신기하게도 지금 저는 위의 좌우명처럼 살아가고 있다고 내심 자부합
니다. 뭐 아주 높은 수준은 아닐지라도 일상적 삶은 무척 간소하게 재배
열된 상태라 볼 수 있습니다. 요가의 어휘 가운데 '삼칼파(Samkalpa)'라는
것이 있습니다. '에너지를 이동한다'란 뜻이 여기엔 있습니다. 자주 자신
이 소망하는 구절을 되뇌고 특히 잠들기 전 암송하는 것, 에너지를 원하
는 방향으로 옮겨 가는 강력한 자기암시의 방법입니다. 자유의지와 선한
의도가 관건입니다. 거꾸로 저주나 악한 동기의 힘이 또 얼마나 큰지를
알려 주는 단어이기도 합니다.

요가를 만나기 전 제가 가톨릭 신자로서 자주 암송한 기도문은 주기도
문과 사도신경, 그리고 음미할수록 아름다운 아시시의 성자, 성 프란치스
코의 기도였습니다. 이젠 아침에 일어나 바로, 또 잠들기 전에 이런 기원

문을 규칙적으로 하고 있습니다.

〈대기원문〉

신의 마음속 빛의 중심에서
인간의 마음으로 빛이 흘러들게 하소서.
빛이 지상에 임하게 하소서.

신의 가슴속 사랑의 중심에서
인간의 가슴으로 사랑이 흘러들게 하소서.
*그리스도시여 다시 지상에 임하소서.

신의 의지가 알려지는 곳에서
목적이 인간의 작은 의지를 이끄소서
스승들이 알고 돕는 목적이.

인류라는 중심에서
사랑과 빛의 계획이 이루어지게 하소서.
그것이 악이 머무는 곳을 봉인하게 하소서.

빛과 사랑과 권능이 지상에 그 계획을 회복하게 하소서.

＊ **그리스도** : 우주적 그리스도, 마이트레야(미륵불)를 지칭함.

감정을
다스리는 요가
아사나

이제 인류의 숙명이나 마찬가지인 다섯 가지 번뇌로 인한 고통을 감소시키는 요가의 몇 가지 자세를 안내해 드리겠습니다. 여기서 다섯 가지 번뇌란 불교의 108 번뇌에 견주어 보다 더 근원에 가까운, 다섯 가지 대번뇌를 말합니다. 요가의 번뇌는 클레샤라는 이름으로 부릅니다.

우선 '무지'가 있습니다. 범우주적 법칙에 대한 무지를 말합니다. 학력이나 학벌이 아니라 내면의 길을 외면하는 모든 인식의 한계 또한 인간의 무지입니다. 아비드야라고 합니다.

다음으로 '애착'이 있습니다. 좋은 것이 영원하기를 바라는 마음입니다. 라가라고 합니다.

세 번째, 애착과 반대로 '혐오하는 마음'입니다. 드베샤라고 합니다.

네 번째 번뇌는 '소멸에 대한 두려움'입니다. 특히 죽음에 대한 공포를 뜻하며 아베니베샤라고 합니다.

이 모든 상황을 야기시키는 주체는 나입니다. 나날의 사태 및 모든 현상과 자신을 즉각 동일시하는 자의식이 바로 무지와 만 가지 번뇌의 근원으로, 다섯 번째 번뇌인 아스미타입니다.

다섯 가지 번뇌를 이기는 데 도움을 주는 요가 자세를 취하기 전, 먼저 감정을 챙기는 마음챙김 요가가 다시 필요해집니다. 호흡, 감각의 고요함을 유지하면서 화 속에서 타오르며 끓어 넘치는 나를 마치 남 바라보듯 심호흡합니다. '옴'을 세며 묵묵히 바라봅니다. 처음에는 쉽지 않습니다. 더 화가 나거나 더 무섭거나 더 슬퍼지기도 합니다. 이럴 땐 아사나가 좋은 방법입니다. 다른 대상에로 몰입하는 것, 아예 반대되는 생각을 끊임없이 하는 것 등도 좋습니다.

● 마음의 힘을 기르는 데 좋은 에너지 전사의 자세

● 고양이 자세에서 균형 잡기. 심장을 튼튼하게 해 주며 많은 집중을 요구하여서 다른 번뇌로 마음의 에너지가 흐르는 것을 막아 준다.

마치 저울처럼 좌·우 균형을 잡아 주는 천칭 자세, 횡격막 위쪽으로 힘이 치솟아 즐거운 기분을 자아낸다.

모든 폴더형 자세는 신경전달물질, 각종 호르몬 조절에 유익하다. 특히 우울증 완화에 도움이 된다는 연구 결과가 다수 존재하는 엄지발가락 잡기 자세

감정의
원인 찾아가기

많은 이들은 말합니다. 어떤 사태를 당하거나 만났을 때, 이유라도 알았
으면 좋겠다고요. 그럼 그 감정이 누그러지거나 완화되는 경우가 많습니
다. 누구나 아는 확연한 번뇌 말고도 사실 많은 번뇌는 복합적이고 때로
영문도 모르고 일어나 삶을 휘저어 놓는 경우가 아주 많으니까요.

　"감정에 한번 빠지면 도무지 헤어 나올 줄을 모르겠어요", "화가 나면
무슨 끓어오르는 압력솥 단지 안에 들어간 것 같아요", "떠나간 사람을
잊지 못해 가슴이 아프다 못해 시립니다", "사는 게 허무하고 자꾸 드러

눕고만 싶고 눈물이 자꾸 나고 그래요" 뭔가 하나 해결되면 또 문제가 생기고 다 끝난 숙제인가 싶은데 다시 또 이젠 늙음, 죽음이 떡 하니 버티고, 가족과 이별, 인생 전체가 정말이지 고통의 연속입니다.

그런데 과연 이런 과정을 자각하고 인식하는 것이 마음의 고통을 감소시키는 데에 어떤 도움이 될까요? 앞서 말씀드렸듯 일단 왜 그러는지 알고나 맞자는 심경이 분석과 탐구를 가능하게 하는 원동력입니다. 이제 한발 더 들어가 보도록 합시다.

누군가를 미워하는 마음으로 일상이 무척 괴롭다.

↓

그런 미움의 감정을 일으킨 어떤 뚜렷한 사건이 하나 있었다.

↓

그 사건을 일으킨 마음의 작용이 무엇일까 세세히 따져 본다.

↓

그러자 하나의 기억에 의한 감정의 회오리가 일어났다.

↓

그에 따라 그것을 일으킨 대상을 향해 폭언을 퍼부었고
그러자 상대의 반응이 더욱 나쁘게 되돌아왔다.

↓

그럼으로써 감정은 회오리가 아니라 태풍이 된다.

↓

날로 분노가 자라면서 앉으나 서나

그 마음이 폭주 기관차처럼 나를 지배하고, 떠나질 않게 되었다.

혐오에서 시작된 하나의 감정에 집중의 에너지를 더함으로써 그 회오리는 더 커지고, 행위는 더 크게 일어나며, 번뇌는 더욱 증강합니다. 요가에선 일단, 번뇌, 행위, 대상을 향한 의식의 회오리를 더 이상 일으키지 말라고 합니다. '번뇌에 관심이란 먹잇감을 주지 말라'는 것입니다. 동서고금의 모든 성스런 가르침에도 다 들어 있는 교훈이 바로 그것입니다. 용서하라, 잊으라, 묵묵히 인내하라. 하지만 쉽지 않습니다.

통찰과 분석의 과정은 원인을 따라 하나하나 갈등의 근거를 바라봄으로써 줄기 정도를 제거하는 소박한 훈련법입니다. 하지만 그리 만만한 것은 아닙니다. 무조건 억누르라는 메시지로 이해되기 쉽습니다. 잠시 멈추고 분석하라는 것과 그저 꾹 참고 이를 악물라는 것은 다릅니다. 에너지 원리가 따르기 때문입니다. 하나는 압력솥을 계속 가열하는 것이고, 다른 하나는 서서히 김을 빼고 밥을 퍼서 빈 솥을 만드는 과정이기 때문입니다.

하지만 여기서 끝은 아닙니다. 브리티(동요, 혼란)를 찾아내는 것은 의식 속의 기억회로를 집중하여 작동하면 되지만 현재 의식으로 알 수 없는 미세한 차원의 원인적 요소 또한 아주 많기 때문입니다. 이것이 바로 그 유명한 삼스카라(잠재업, 잠재된 힘)입니다. 미세하게 잠들어 있다가 어떤 계기를 통해 끊임없이 일어나는 최소 에너지의 입자입니다.

알면서 휘말리는 것이 브리티라면 알 수 없이 우리를 지배하는 미세한 먼지와도 같은 의식의 나노 입자가 삼스카라입니다. 삼스카라가 일어나 브리티를 일으키고 브리티가 뭉쳐져 카르마를 드러나게 하며 카르마가 계속되면 클레샤가 뚜렷이 자리를 잡습니다.

그리고 삼스카라 뒤에는 우주 현현기를 가져온 태초의 미묘한 진동 내지 욕망의 원천, 최초의 떨림, 파동이자 동요(바사나)가 있습니다. 이 정묘한 욕망, 바사나가 삼스카라를 낳고 이 모든 세계를 만들어 냈습니다. 바사나와 삼스카라의 차원까지 이르면 이제 감정과 욕망의 세계는 결코 개인만의 문제나 대상이 아님을 절로 알게 됩니다.

고전 요가의 만트라는 미세한 곱슬머리 한 가닥과도 같은 바사나를 원래의 직선, 평형의 상태로 되돌리고자 '옴'을 지속적으로 되뇌도록 합니다. 모든 차원에서 옴은 태초의 세계를 그리는 노래이며 주문이고 기도입니다. 이것이 원인의 세계로까지 감정과 욕망의 입자를 끌고 가서 소멸시키는 과정에 대한 안내입니다. 너무 추상적이고 종교적인 느낌이 드실지도 모르겠으나, 이제 이것은 더 이상 설득이나 설명의 영역이 아닙니다. 마치 '중력파'의 존재처럼 말입니다.

옴 - 바사나 - 삼스카라 - 브리티 - 카르마 - 클레샤

이 과정을 되짚어 나의 번뇌만이 아닌 우주 전체의 고통을 완화하거나 소거시키는 것이 본디 요가의 태생이자 기원이었으니까요.

이를 기반으로 다음과 같은 방식을 연습해 봅시다.

1. 자신을 괴롭히는 주요한 번뇌를 떠올린다.
2. 다섯 가지 클레샤 가운데 무엇이 가장 크게 작용한 괴로움인가 따져 본다.
3. 관련하여 구체적인 사건을 떠올린다.
4. 해당되는 사건의 결과와 원인을 알아본다.
5. 그 사건 속에서 자신에게 일어났던 주요한 의식의 회오리를 알아본다.
6. 구체적인 사건을 지워 내고 주로 어떤 생각과 감정이 자신을 지배하였는지 관찰한다.
7. 회오리를 가라앉히고 다시는 그 의식에 에너지를 쏟지 않도록 결심한다.
8. 회오리가 가라앉은 잔잔한 마음의 수면 위에 더 이상 떠오르는 것이 없는지 관찰한다.
9. 표면 아래 심연으로 계속 따라가 바라본다. 이때 자신을 구체적인 형상을 지닌 개인으로서가 아니라 의식의 힘을 지닌 하나의 에너지 센터로 심상화한다.
10. 자신을 교차하여 지나는 에너지의 선들, 회로들 가운데 뭔가 뚜렷하게 떠오르는 입자가 있는지 바라본다. 오랜 시간이 걸릴지도 모르고 애매한 상태로 끝날 수도 있다. 상념체를 바라보는 이 훈련은 15분이

넘지 않게 한다.

11. 미세한 입자를 감지하면 마음속으로 계속 옴을 되뇌인다. 10분을 넘지 않는다. 입으로 옴을 소리 낼 필요는 없으며 구불거리는 미묘한 의식의 선, 에너지의 파동을 옴을 통해 곧게 펴도록 심상화한다.

12. 다시 해당되는 클레샤가 깃들 때마다 위의 과정을 20분 이내에 진행하고 마무리한다.

감정에 먹잇감, 즉 에너지를 주지 않도록 주의하면서 너무 긴 시간 명상을 하여 심신이 지치지 않도록 유의하면서 감정의 떨림을 챙기고 고요하게 하는 훈련법을 제안해 보았습니다.

요가의 5대 클레샤, 그 진정한 원인은 무엇일까요? 요가에서는 이런 다섯 번뇌를 가져와 인생을 휘젓는 것들을 일러 카르마라고 합니다. 카르마는 업, 혹은 업의 작용으로 선한 카르마든 악한 카르마든 이토록 이원적인 세계 속에서 인간은 늘 극단으로 치달으며 둘로 갈라지고 찢기는 고통을 느끼게 됩니다. 그리고 그 고통의 근원은 대개 자신이 일으킨 행위가 그 원인이고 뿌리라는 견해가 요가의 주된 입장입니다. 물론 그룹 카르마의 존재도 엄연히 있으나 여기서 더 이상 확대는 하지 않겠습니다.

카르마는 누구나 눈으로 보아 알고 행위를 통해 드러나는 결과의 세계를 말합니다. 그렇다면 그 카르마의 원인은 무엇일까요? 옛적부터 전해지는 카르마론에 의하면 하나의 카르마가 드러나 클레샤로 결실 맺기까지 대략 세 종류의 과정이 있다고 합니다.

첫째, 태어나 지금까지 각자가 지은 개인적인 역사 속의 원인과 결과인 현생 카르마.

둘째, 지금 원인을 짓고 먼 훗날 언젠가 드러날 미래의 원인과 결과인 아직 도착하지 않은 카르마.

셋째, 우리도 알 수 없는 무한한 시간과 공간 속 언젠가 내가 뿌린 행위의 씨앗들, 그리고 그 행위란 생각, 말, 행위 모두를 포함한 것. 그 결과로 살고 또 살아가는 것이 바로 이번 생의 무수한 사건들, 한 생 한 생을 빚어내는 전생 카르마.

그런데 결과의 세계에서 확인할 수 있는 카르마의 이면에는 분명 그 결과를 가져온 어떤 힘의 작용이 있습니다. 이것을 일러 요가에선 브리티라고 합니다. 브리티를 엘리아데는 '의식의 회오리'라고 불렀습니다. 개인적으로 참 멋진 표현 같습니다. 의식의 회오리, 에너지가 물씬 느껴집니다.

브리티는 그런 의식의 운동, 동요, 혼란을 의미합니다. 카르마보다는 훨씬 내적인 힘이죠. 이는 거친 물질로는 보이지 않는 브리티가 카르마를 낳고 카르마가 클레샤를 낳는다는 의미입니다. 예컨대 혐오라는 번뇌 뒤에는 그 번뇌를 낳은 사건이나 행위가 있고 그 행위 뒤편에는 이를 일으키는 의식의 격렬한 회오리가 있었다는 것입니다.

이제 보편적이고 일상적인 감정의 요가에 대해 설명해 보겠습니다. 좋은 감정체 새로 만들기라고 할까요?

1부에서 스펀지와 바닷물의 비유를 봤습니다. 좋은 감정, 고상한 감정, 맑고 평화로운 감정체를 만들기 위한 노력이 감정의 요가라 할 것입니다. 일단은 스펀지에 스며드는 바닷물을 바꾸는 노력이 중요하겠죠? 쉽게 생각하면 스펀지 혼자 있는 것, 고요하고 깨끗한 곳에 혼자 가서 지내는 것, 누구나 바로 떠올리는 생각입니다. 물론 중요합니다. 때로 효과도 만점입니다. 하지만 거기라고 감정의 소용돌이가 없을까요? 욕망이 정지될까요? 또 스펀지가 물 없이 오래 유지될까요? 말라서 가루가 되어 용도 폐기될 뿐입니다. 스펀지에 스며들 바닷물을 바꾸어야 스펀지도 적당한 습기를 머금고 제 할 일을 다 하면서 편안해집니다.

바닷물을 바꾸는 일은 곧 세상을 아름답게 바꾸는 일과 관련됩니다. 순수한 동기로 행하는 사랑, 봉사, 희생, 자비의 삶을 실천하는 것입니다. 너무 뻔한 말이겠지만 실은 너무도 어려운 일입니다. 희망 없이 보람 없이 어떤 결과와 보상에도 개의치 않는 순수한 봉사의 삶, 곧 성자의 삶이 그것입니다.

이는 바로 자신을 둘러싼 공간의 감정계를 구성하는 미세한 입자가 하나하나 바뀌는 일입니다. 한 사람으로 인해 모두가 숨 쉬는 공기가 달라지고 인재로 인한 환난과 슬픔이 한결 경감되는 길입니다. 어떤 사람 옆에 갔을 때 같이 환해지는 경험, 어떤 공간에 들어섰을 때 갑자기 무기력하고 우울해지는 경험, 모두 겪어 보셨지요? 보이지 않는 세계, 추상적인 세계, 그 공간을 구성하는 것은 모두 물질의 하나여서 새로운 육체는 바로 그 입자를 동시에 바꿔나가는 일과 밀접하답니다.

반대의 경우도 생각해 봅니다. 스펀지가 어디에 있든 고요하고 평정한 마음의 상태, 가장 어렵고 가장 궁극의 경지겠죠? 떠나는 것보다 머무는 것이 더 어려운 일입니다. 저도 예전엔 잘 몰랐습니다. 무조건 자르고 떠나고 피하는 것이 맑은 영혼을 위한 첩경인 줄 알았습니다.

때로 휴식과 재건을 위해 일시적 고립이 필요할 때가 누구나 있습니다만, 자폐적인 수행과 은둔은 지금 시대의 요구는 분명 아닌 것 같습니다. 이유는, 더 이상 물질적 차원에서는 이 둔한 육체를 지니고서는 숨을 곳도 피할 곳도 없어진 지구적 상황입니다. 보다 더 중요한 것은 지금 주어진 환경을 적극적으로 맑게 정화시키는 일입니다. 물론 매우 비관적인 상태입니다. 오염과 부정, 불의가 넘쳐납니다. 하지만 어떤 환경에 처하든 하나하나의 스펀지, 에너지체 단위인 개개인들이 씩씩하게 웃으며 제 기능을 즐거이 완수한다면 주위에 끼치는 방사력의 순도가 현저하게 달라집니다.

모든 존재는 매순간 감정의 에너지를 내뿜고 흡수하고 나누며 살아갑니다. 그것을 동물도 식물도 광물도 흡수합니다. 인간으로부터 나오는 에너지는 존재계에 가장 큰 영향을 끼친다고 합니다. 인간이 자신의 선택으로 의식적으로 선하고 맑은 에너지를 온 세계에 발산하는 일, 그렇게 해서 점점 허공 속 빼곡한 공기 입자도 바꾸고 나도 동시에 바뀌는 길, 진정한 감정의 요가입니다.

'인생은 짧고 예술은 길다'는 말은 감정 순화를 위한 요가를 한 마디로 잘 정의해 줍니다. 고급의 예술, 클래식이란 것, 오래 두고 보아도 물리지 않는 것, 인간 감정의 보편적 측면을 잘 드러내 주는 것, 탁한 마음을 말 없이 정화시켜 주고 고양시켜 주는 것, 창조적 행위의 결과물들을 향유하고 권장하고 유포하는 모든 행위가 다 감정 순화의 요가, 박티의 길에 기본이 됩니다.

특정한 감정적 사건이 생길 때마다 사람들은 다급히 기도도 하고 주문도 외우고 냉철하게 원인 분석을 하기도 합니다. 하지만 평소 생활 속에서 일상적으로 감정체를 잘 조련하는 훈련을 꾸준히 하는 것이 더욱 중요합니다. 지금까지 요가적인 만트라, 자세법, 명상법 등을 여럿 제시했습니다. 하지만 요가든 수행이든 종교적인 관심사가 별로 없는 현대인들에게 위의 방법들은 쉽게 다가오지 않습니다. 거꾸로, 요가, 수행, 종교, 철학 등과 거리가 멀어도 늘 잘 웃고 자애롭고 포용력이 뛰어난 이들도 세상엔 얼마나 많습니까. 이들은 평소에 좋은 감정체, 감정의 몸을 잘 만들어 왔기 때문입니다. 그 힘으로 자신을 둘러싼 작은 세계를 점차 순화시킨 이들입니다.

그 대표적인 길이 바로 희생적인 삶, 봉사의 행위, 사랑의 실천, 창조적 예술 활동 등입니다. 이것만 보아도 요가의 길은 더 이상 그리 신비하지도 특수하지도 비밀스럽지도 않습니다. 아주 오래된 단순한 진리인 것입니다.

감정과 동작과
명상이
하나 되는 훈련법

요가는 다양한 통로와 기법 들을 통하여 조금은 특수한 감정 훈련법들을 인류에게 계속 제시했습니다. 오랜 심신 치유의 길, 대체 의학적 접근, 요가의 경우 연면히 전승되는 감정과 동작과 명상의 결합 등이 그 예입니다.

지금부터 감정을 조절하는 데에 도움 되는 동작과 명상의 결합이라는 조금은 색다른 훈련법을 제안해 보겠습니다. 몸과 마음과 영혼의 분리란 사실 일시적이고 언어적일 뿐, 모든 요가는 하나로 이어져 있다는 것을 이런 훈련을 하게 되면 훨씬 강렬하게 느낄 수 있습니다.

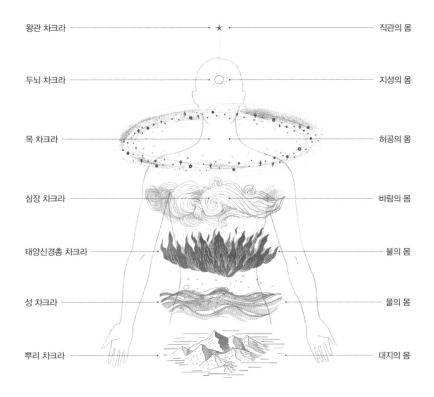

| 왕관 차크라 | ─────── | ★ | ─────── | 직관의 몸 |

두뇌 차크라 ─────── 지성의 몸

목 차크라 ─────── 허공의 몸

심장 차크라 ─────── 바람의 몸

태양신경총 차크라 ─────── 불의 몸

성 차크라 ─────── 물의 몸

뿌리 차크라 ─────── 대지의 몸

1. 두 다리에서 배설기까지 : 대지의 몸(Earth Body)
2. 생식기와 배설기 일부, 특히 방광과 콩팥들까지 :
   물의 몸(Water Body)

3. 배꼽에서 횡격막까지 : 불의 몸(Fire Body)
4. 횡격막에서 쇄골까지 : 바람의 몸(Air Body)
5. 쇄골에서 두 눈썹까지 : 허공의 몸(Ether Body)

　우선 인체를 차크라(에너지 센터) 위치에 따라 일곱 부위로 나누어 시각화해 보겠습니다. 그런 다음 주로 육체적 동작이 일어나는 다섯 가지 몸에 따라 각기 이름을 명명하겠습니다.

요가에서 감정은 생각과 결합되어 물처럼 각자의 존재 주위를 24시간 내내 흘러 다닌다고 봅니다. '감정＋생각'은 두뇌에서만이 아니라 몸 전체, 각자의 오라 범위 안팎에서 부단히 흐르는 것으로 상정하는 것이지요. 따라서 일상 중에 겪는 특정 감정에 대한 생각과 기억과 자극과 반응이 몸 전체에 걸쳐 미세한 입자, 에너지체로 존재한다는 가정입니다.

대개의 사람들은 각 몸들에 따라 특정한 주요 '감정＋생각'들의 입자가 불규칙적이며 충동적으로 혼란스레 흐르다 이윽고 뭉쳐 쿨쿨 잠들어 있다고 보면 됩니다. 감정의 각인, 내재된 감정이 잠재화되는 상황입니다. 이것이 계속 쌓일 때 스트레스가 쌓이고 쌓인 감정은 울혈이 되어 한동안 통증과 같은 것으로 사람들을 괴롭힙니다. 그 울혈은 주위에 다른 에너지의 입자들, 주로 부정적이고 반생명적이고 차갑고 어두운 감정의 입자들을 지속적으로 끌어당기면서 점점 자라납니다. 그것이 몸으로 드러나 알게 될 때 사람들은 그것을 일러 종양, 혹 등으로 부르게 되죠. 그럼 이제부터 하나씩 각 몸들을 지배하는 주요 감정들을 알아보겠습니다.

대지의 몸을 지배하는 주요 감정	두려움 – 안정 – 분노
물의 몸을 지배하는 주요 감정	우울, 무기력 – 조화 – 불안과 탐닉
불의 몸을 지배하는 주요 감정	자괴감 – 현실 인식 – 오만함
바람의 몸을 지배하는 주요 감정. 이때는 점점 더 추상적인 감정으로 상승된다.	공허 – 헌신 – 자기만족
허공의 몸. 0을 상징하는 에테르체의 세 가지 상태	분리감 – 지성과 표현 – 자기도취

앞의 감정 분류표에서 왼편에 씌여진 두려움, 우울, 자괴감, 공허, 분리
감의 상태가 95%의 대중들이 자주 겪는 매우 일상적인 감정들입니다. 그
리고 이를 극복하기 위해 고안된 몸의 처방전들이 각종 바디 워크, 요가,
명상 등입니다. 상담, 정신분석, 대화 치료 등과 달리 몸을 활용하면 오라
에 훨씬 직접적으로 터치되어 기분이 전환되곤 하니까요. 우선 몸으로 접
근하여 부정적 감정들의 상태를 극복하고자 하는 치유법들입니다.

반면 오른편에 배치된 감정들은 적극적이지만 다소 들뜬 상태입니다.
명상은 그렇게 너무 열린 에너지 센터에 조화와 균형을 가져오기 위한 요
가의 또 다른 방법입니다. 여기선 주로 왼편의 부정성을 극복하는 요가의
자세들을 안내해 드립니다.

대지의 몸에 조화를 가져오는 동작들

모든 서서 하는 동작들, 두 다리에 고른 균형을 가져오는 균형 자세들

▶ 나무 자세, 독수리 자세, 전사 자세 등. 아래 그림은 삼각 자세.

물의 몸에 조화를 가져오는 동작들

골반을 펴 주고 골반에 유연성을 가져오는 자세들

▶ 나비 자세, 고양이 호흡 자세 등. 아래 그림은 박쥐 자세.

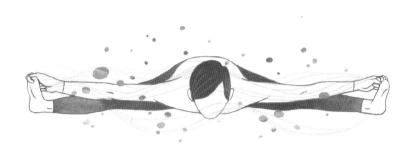

불의 몸에 조화를 가져오는 동작들

두 다리를 구부리거나 꽉 조이는 방식의 자세들

▶ 염주 자세, 현자 자세, 연꽃 자세 등. 아래 그림은 변형 공작 자세.

어떻게 요가할 것인가?

바람의 몸에 조화를 가져오는 동작들

두 팔과 두 손을 사용하는 모든 자세들, 앉아서 비트는 모든 자세들, 심장과 호흡계에 힘을 주는 모든 자세들

▶ 소 얼굴 자세, 합장 자세, 앉은 산 자세, 영웅 자세에서의 뒤로 합장, 귀로 활쏘기 자세, 엎드려 활쏘기 자세, 네 팔 막대기 자세 등. 아래 그림은 활 자세.

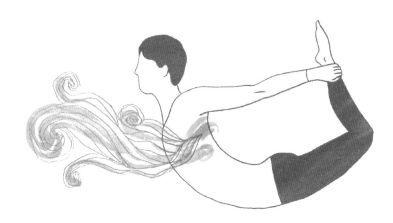

허공의 몸에 조화를 가져오는 동작들

목(갑상선)과 아랫배(신장)를 연결시키는 모든 자세들

▶ 누운 다리 자세, 어깨 서기 자세, 물고기 자세, 쟁기 자세 등. 아래 그림은 어깨 서기.

그리고 동작을 취할 땐 앞서 언급한 시각화, 호흡, 시선 등을 함께 훈련하면서 고요함과 부동의 시간을 점점 오래 갖는다면 감정의 교란과 뭉침으로 인한 문제들을 스스로 해결하는 데에 분명 도움이 될 것입니다. 이 과정은 다시 섬세한 의식 수준의 프라나야마와 심상화 무드라를 통해 반복, 심화될 수 있습니다. 무드라는 위대한 봉인이라는 의미로 육체적으로는 손동작들을 의미하거나 신체 일부를 사용하여 체내 열기를 조절하는 방식으로 알려져 있으나, 사실상 에너지의 종류와 층위, 과학을 모르고서는 헛된 반복일 뿐인 하타 요가의 매우 수승한 훈련법 중 하나입니다. 감정 조절의 무드라는 반드시 숙련된 안내자와 함께, 배우는 동료들과 함께 순수한 의도와 목적을 지니고 부단히 훈련해야 합니다.

'무드라를 행하고 무드라를 알며 무드라를 전달할 수 있을 때 진정한 요가 안내자'라는 말이 전해집니다. 이것은 결국 몸과 마음의 일치, 감정과 생각에 대한 지배, 모두를 통합하는 제어, 조절의 훈련법이 바로 요가였음을 역설적으로 말해 준다고 하겠습니다.

명상의 실천

일정 정도 지적 수준을 담보한 현대인들에게 명상을 할 때 군이 결가부좌를 권하지는 않습니다. 이는 마치 고대에 비밀리 전수된 고산지대 동굴에서의 호흡법이 오늘날 대기오염 가득한 도시 거주자에게 적합하지 않는 것과도 유사한 이유입니다. 삶의 상황과 조건이 너무도 많이 변했지요. 그리고 그것이 다 나쁜 것만은 아닙니다. 보다 많은 이들에게 핵심적인 지혜가 전달되어야 하니까요.

그래서 현대인을 위한 몇 가지 명상 자세를 안내해 드립니다.

1. 홀로 조용한 공간을 확보한다.

2. 아침, 점심, 저녁, 밤으로 나누어 5분씩 명상하되 하루 15분을 넘지 않는다. 혹은 한 번에 15분을 넘지 않는다.

3. 의자에 앉아서 해도 된다.

4. 목을 약간 숙이고 반가사유상을 떠올리는 자세로 고개를 약간만 떨군다.

5. 두 손은 자연스레 허벅지 위에 얹는다.

6. 팔꿈치를 구부려 어깨의 긴장을 푼다.

7. 두 눈을 감거나 어두운 공간에서는 반개한 후 코끝을 응시한다.

8. 두 눈을 감았을 때는 관심을 목 위쪽으로 돌려 특히 청각에 집중하며 여러 가지 소리들을 분류하고 멀어지도록 하거나 자신의 숨소리를 가볍게 들어본다.

좀 더 자세히 알아보겠습니다.

먼저 떠올릴 명제는 '인간은 생각하는 그대로이다'입니다. 명상은 앞서 감정 물질, 감정체, 감정계에 대비하여 멘탈 물질, 멘탈체, 멘탈계, 즉 생각이라는 주제를 대상으로 삼아 생각을 집중하고 바라보고 관찰하고 조절하며 사용하는 일체의 과정을 말합니다.

홀로, 조용한 공간은 이중의 의미가 있습니다. 앞서 감정 순화의 요가에서 나왔듯 내적인 고요가 더 중요합니다. 시장에서도 명상할 수 있을 정도의 강인한 집중력이 명상의 준비에 필요합니다. 내적 고요가 외적 격리보다 훨씬 중요한 홀로 있음의 의미입니다.

시간은 가급적 이른 아침이 좋습니다. 아침에 눈뜨자마자 가장 먼저 명상을 한다면 효율성이 높습니다. 하루 일과가 시작된다는 것은 격렬한 진동 속으로 두뇌가 들어가는 일입니다. 일과 시작 전 마음을 고요히 하고 호젓한 외적 환경에서 명상을 5분만이라도 시도한다면 1년 동안 누적되는 에너지는 엄청난 힘을 발휘하게 됩니다.

명상할 장소 역시 이중적인 관점으로 바라봐야 합니다. 산 속이나 벼랑 끝보다 더 중요한 장소는 내적 침묵, 고요한 생활 태도, 정리된 인간관계입니다. 명상을 하는 5분, 10분이 아니라, 단순하고 절제된 일상 자체가 명상적인 삶이며 삶 전체를 명상적 태도로 유지하는 것이 결가부좌로 며칠을 머무는 것보다 훨씬 강력합니다.

명상할 때 신체는 어떻게 해야 하는가의 질문이 많습니다. 다음 글은 참으로 날카로운 통찰이 들어 있는 명상의 자세와 관련한 가르침입니다.

적절한 시간과 장소를 찾은 후에, 우리는 편안한 의자에 앉아서 명상을 시작할 것이다.

그러면 의문이 생기게 된다: 어떻게 앉아야 할까? 결가부좌가 최선인가, 아니면 무릎을 꿇어야 하는가, 혹은 서도 되는가? 답은 (각자 스스로에게) 가장 편안하면서 쉽고, 가장 일상적인 자세가 언제나 최선이라는 것이다.

결가부좌는 동양에서 많이 이용됐고 현재도 그렇다. 그리고 많은 책이 그 주제에 대해 썼다. 그중 어떤 자세들은 신경계와 힌두인들이 '나디'라 부르는 것에 바탕을 이루고 있는 미세한 신경 구조와 관련이 있다.

이런 자세들의 문제점은 그 자세들이 다소 바람직하지 못한 반작용을 일으킨다는 것이다. 그런 자세를 취하는 사람이 종종 정신을 목표에 집중하지 않고, 자세 자체에 몰두하는 경향이 있다는 것이다. 대부분의 사람이 하지 않는 것을 본인은 시도하고 있다는 우월감을 갖게끔 하는 것도 그 자세들의 또 다른 문제점이다.

자신들을 잠재적으로 깨달음을 얻게 될 사람들이라고 여기면서 그렇지 않은 사람들과 분리감을 갖도록 만드는 것도 또한 문제이다. 그러면 우리는 명상의 본질이 아닌 형상에 몰두하게 되며, 진아(眞我)가 아닌 비진아(非眞我)에 몰두하는 것이다.

그래서 (그것이 무엇이든 각자에게 맞게) 우리가 육체를 가지고 있다는 것을 가장 쉽게 잊을 수 있도록 해 주는 자세를 선택하기로 한다.

아마도 서구인(현대인)을 위한 자세는 의자에 앉는 자세일 것이다. 중요한 것은 척추를 곧게 세우고 바르게 앉아야 한다는 것이고, 신체의 어떤 곳에서도 긴장이 없도록 (구부정하지 않으면서도) 이완된 상태로 앉아야 하며, 목 뒤쪽의 긴장을 풀 수 있도록 턱을 약간 앞으로 떨어뜨려야 한다는 것이다.

명상은 내적인 작업이다. 따라서 몸을 이완하고 바른 자세를 취하고 나서는 신체를 잊을 수 있을 때에만 성공적으로 수행할 수 있다.

— 시공을 뛰어넘어 인류에게 연면히 전승되는 '영원의 지혜' 중 하나인 D. K. 대스승의 가르침에서

명상은 '이완된 집중'이라는 말의 의미를 아시겠죠?

끝으로 매우 민감한 주제인 명상할 때 호흡의 문제 또한 역시 D. K. 대스승의 가르침 가운데 인용하겠습니다.

신체를 편안히 하고 이완시켜서 신체에서 의식을 거둬들인 후에 (의식의 초점을 거친 육체에서 미세한 육체로 이동시킨 후에) 이제는 호흡이 조용하고 평탄한지 그리고 규칙적인지 확인해야 한다.

여러분이 올바른 명상을 위해서 육체의 본성을 정화하고자 수년간 노력해 온 사람이 아니라면(즉 요가의 초보자라면), 이쯤에서 호흡 수련에 대해서 주의 사항을 말해야 할 것 같다.

동양의 고대 가르침에서는 '합일에 이르는 방법'들(요가의 다른 표현) 중처음 세 가지(요가 8단계 가운데엔 6, 7, 8단계인 집중/명상/관조의 삼아마)를 어느 정도 실현하고 나서 적절한 지도를 받을 때에만 호흡을 다스리는 수련이 허용되었다.

호흡 수련은 영적인 발전과 아무런 관계가 없다고 말하면, 아마도 많은 사람에게 충격으로 받아들여질 것이다. 최근에 많은 사람이 호흡 수련 활동이나 그런 수련과 관련 있는 많은 단체에 가입해서 활동하고 수련하고 있다. 그리고 그런 단체에서 마치 호흡 수련이 전부인 것처럼 강조하는 얘기를 많이 듣는다.

호흡은 인간의 심령적인 능력을 개발하는 것과 많은 관련이 있으며, 그런 수련을 하게 되면 많은 위험과 어려움에 직면할 수 있다. (영적인 발전

과 심령적인 능력이 관계없음을 천명함)

고대에는 스승들이 이러한 형태의 가르침에 적합한 사람을 여기저기서 뽑아서 어느 정도 자아(참나 – 영혼)와의 접촉을 이루기 위한 수련을 부과하고, 그 수련의 목적과 세상을 위한 봉사를 더 심화시키기 위해서 자아(참나 – 영혼)가 호흡을 통해 생겨난 에너지들을 안내할 수 있었다.

그러므로 우리는 호흡이 고요하고 규칙적인가 하는 것만을 살필 것이고, 그 다음에는 우리의 생각을 육체로부터 완전히 거둬들여서 집중하는 일을 시작할 것이다. – 앞의 가르침에서

나에게
맞는 명상은
무엇인가?

"아이고, 힘들어서 죽겠습니다." 대개 요가와 명상을 배우러 오는 분들의 내면은 이런 마음이 지배적입니다. "더 살 낙이 없는 것 같습니다." 이런 분들의 내면에는 깊은 좌절과 분노, 열등감이 지배적입니다. 그럴 때하는 명상은, 명상이 아니라 집요한 내적 욕망을 더 확대하거나 뿌리치고 도망치거나 하는 방식으로 전개되기 마련입니다.

이때 얼마간 도움이 되는 것들이 제가 이름 붙인 실용 명상이라는 것입니다. 다른 말로 어디선가는 표층 명상, 생활 명상, 일상 명상이라 부르기도 합니다. 이 모든 것은 고전 요가 대비 현대 요가처럼, 예비 명상 대비 본격적인 요가 명상과도 비견될 수 있습니다. 이때 의식은 주로 표층 의식, 현재 의식이 주요 대상입니다. 반면 고전 요가의 명상은 심층 의식, '무의식＋잠재의식'의 구별을 통한 초의식의 세계를 지향하는 것입니다. 사실 두 길의 명상은 완전히 다른 수준, 다른 차원의 이야기입니다.

명상은 이름 붙이기에 따라 수십, 수백 가지도 가능합니다. 그 목표에 따라, 장르에 따라 또 수천 가지까지도 가능하겠습니다. 명상이란 과연 무엇인가? 앞서 말씀드린 바처럼 그저 한 마디로 마인드 컨트롤, 마음 통제의 기법이라 할 때 또한 얼마나 많은 명상이 상상되고 기획될 수 있겠습니까?

하지만 실용 명상이라 하여 깊이가 낮은 것도 아니고, 잘못된 것은 더 더구나 아닙니다. 계율을 지키고, 정견을 토대로 한다는 전제하에 여러 가지 길을 따라가다 보면, 지극정성의 힘으로 언젠가 본연의 명상 세계로 성큼 들어설 수도 분명 있을 것입니다.

삶에 위로가 필요할 때

대개 감정 명상, 행복 명상, 웃음 명상, 자애 명상 등이 이에 해당될 것입니다. 바라보기 명상, 거울 명상 등 많은 조직, 단체에서 각자 안내자의 철학과 비전, 경험에 따라 참가자들에게 위로와 따스한 조언을 해 줄 수 있는 명상법들입니다. 여기서 굳이 다양한 명상이나 명상법 들을 나열할 필요는 없을 것 같습니다. 관련하여 무수하게 많은 감정 위로의 호흡법도 있고 행복 명상법도 있으니 각자 알아서 찾아 체험하시면 되지 않을까 싶어요. 내려놓기, 비우기, 채우기 등 이름도 붙이기 나름입니다.

삶에 힘이 필요할 때

'이번에 땅을 사려는데 어디가 좋을까?', '주식 투자는 어디에 하면 좋을까?'에서부터 자녀의 합격, 이사, 취직 등 기도인지 명상인지 잘 모르겠지만, 동기 자체가 삶의 위로를 넘어 힘과 복을 비는 명상법들도 요즘 많이 유행 중입니다. 간절한 기원을 모아 헌신하며 마음을 바친다, 집중을 했더니 뭔가 일이 잘 되고 성취감도 담뿍 느껴졌다, 명상이 참 재미있어서 계속 해 보려 한다, 이런 소감들이 심심찮게 들리는 게 현대의 대부분 명상 체험들입니다.

척추에 힘을 주면 삶에 중심이 생길 테니 코어 명상법도 가능하겠고, 어떤 연구 성과를 내기 위한 집중법은 연구 명상이고 취업 명상, 결혼 명상 등 다양한 종류가 있지만, 공통적인 것은 위로건 힘이건 뚜렷한 동기와 목표가 있고, 그것이 대개 삶의 현장에서 많은 이들이 간절히 바라는 주제들이라는 것입니다. 혹자는 이를 명상이라기보다 주술이나 기복적 행위, 의례라고 부르겠지요. 그러나 이 역시 현대인들은 대개 명상이라는 이름으로 부르고 있습니다. 명상을 좀 알려 달라고 할 때, 내심 이런 결과를 꿈꾸는 일 또한 아주 흔합니다.

조금 더 나아가 걷기 명상, 마음챙김 명상, 관조 명상, 관상 명상 등이 각 종파나 수련법에 따라 엄연히 존재합니다. 이것을 실용 명상에 분류할지 본 명상 과정에 둘지 조금 망설여지긴 했습니다. 하지만 경우에 따라, 명상 주체에 따라 그 경계를 오가곤 하니, 일단 실용적 관점으로 이를 해석, 제시해 보고자 합니다.

사원이나 수행자 들이 하는 걷기 명상 말고 일반인들이 하는 걷기 명상, 호흡 관찰 명상 등은 일단 삶의 현장에서 무척 이로운 것 같습니다. 한 번에 한 가지씩 몰두하게 하는 훈련으로서도 그러하고 자신의 존재 전반을 침착하게 관찰하고 수용하는 과정으로서도 그러합니다.

죽음 명상이라는 과정 또한 많은 이들에게 삶에 대한 애착심을 제거하고 미래를 준비하며 자신에게 과연 무엇이 중한지 눈뜨게 하는 의례로서도, 각성의 과정으로서도 일정 기능을 하는 듯합니다.

물론 위 명상들은 함부로 예단하기 어려운 실제 상황 속에서 진행되므로 그 위험성이나 유익함을 문자로 제시, 나열한다는 것은 상당 부분 제한적입니다. 어디까지나 작은 의견으로 보아 주시면 감사하겠습니다.

적극적 명상, 예술 치료 명상, 힐링, 재활, 무의식 명상, 전생 체험 명상, 생명 나무, 카발라, 탄트라, 쿤달리니, 프라나, 베다 등등 온갖 이름의 명상이 앞으로 더 많이 대두되고 유행하며 일상 깊숙이 다가올 것 같습니다.

문제는 언제나 그 의도와 동기와 목표와 가치 지향성입니다. 그리고 무엇보다 중요한 것은 안내자의 준비 정도와 함께하는 이들의 순수성, 지성의 수준일 겁니다. 안내자나 단체 들이 내세우는 기치나 이름, 위용보다 더 중요한 것은 각자 체험하면서의 느낌, 결과, 이후의 삶에 끼치는 영향, 그리고 순도 높은 이상이 구축되었는가, 지성의 열림이 가능했는가 여부일 것입니다. 주의할 것은 체험이 그저 일시적, 일회적이거나, 삶에서 별반 달라진 것이 없거나, 지나친 금품을 요구하거나, 너무 신체 중심으로만 드러나는 신비적 체험으로 이끌거나 등일 겁니다.

예컨대 하타 요가의 마하무드라 명상 기법+선도의 단전에 기운 모으기+기공과 태극권이 결합된 어떤 명상법이 건강법, 자양 강장법으로 유행했다고 합시다. 결국은 단적으로 말해 단전호흡+괄약근 조이기의 방식입니다. 이는 몇 가지 근력, 내장의 기능 향상을 불러오긴 하지만, 그런 기법을 통달했다 하여 고귀한 이상을 펼칠 수 있는 놀라운 깨달음을 얻었다거나, 인류의 난제들을 해결하였다거나, 하다못해 가족들을 위한 인격 제고가 이루어졌다거나, 오랜 악습들을 스스로 깨부쉈다거나 하지는 못하는 것 같습니다.

또 많은 공력을 들여 비밀리에 수승한 명상 기법을 찾아다니는 이들 내부엔 언제나 자신만이 특수한 경험을 통해 특별한 능력을 지닌 뛰어난 존재이고자 하는 욕망이 깊숙이 뙤리 틀고 있음을 자주 보게 됩니다. 이는 명상이라기보다 그저 위험한 실험일 뿐입니다.

경전이라는
세계

원인 없는 불행, 원인 없는 기쁨이라는 말이 있죠. 아, 정말이지 내가 바라는 것은 '이 한 세상 남부럽지 않게 잘 살아 보자'가 도무지 잘 안 되는 소수의 분들이 있습니다.

원인을 알 수 없는 갈망과 그리움, 아무리 고쳐 봐도 다시 일어나곤 하는 생멸, 그 자체에 관한 의문과 염증과 피로감의 근원을 이제라도 좀 찾고 싶은 것입니다. '가슴이 잔잔히 파동치고', '고요히 고개를 끄덕이며'와 같은 문장에 힘껏 동의가 되시는 분들, '혹시 이번 생에 진리라는 것의 파

편이라도 흘깃 보면 소원이 없겠다'는 분들, 공자님 말씀대로 '아침에 도를 들으면 저녁에 죽어도 좋다'는 절실함이 목전에 차오른 분들, 시시포스의 신화처럼 바위 굴리기에 지쳐, 탄탈로스의 기갈에 그만 고개를 흔들며, 프로메테우스의 횃불을 얻을 수만 있다면 매일 독수리에게 생간을 쪼여도 좋으리. 그런 읊조림을 나지막이 토로하시는 분들, 순례와 천로역정의 나날, 파우스트의 독백에 크게 공감하시는 모든 분들은 이제 조금씩 명상이라는 관문 앞에 서실 때가 되었을지도 모릅니다. 이런 분들을 위해 지상에는 오래오래 두고두고 환난을 피해, 세상의 탐욕 어린 시선을 피해, 연면히 계승된 어떤 세계가 있습니다.

경전이나 실을 의미하는 수트라는 위와 아래에 관련된 어떤 끈이자 연결의 상징적 이름입니다. 수트라에는 고전 요가가 말하는 상승의 의미가 뚜렷이 들어 있습니다. 고전 요가의 경전에는 그 유명한 『요가수트라』가 있습니다. 인도 민중을 넘어 전 세계적인 사랑을 받는 요가의 경전에는 또 『바가바드 기타』가 있습니다.

성경 또한 고전 요가, 현대 라자 요가에선 귀하게 여기는 경전입니다. 성경 가운데 구약에서는 「에스겔 서」와 각 예언자들의 기록서들, 전도서, 잠언들, 외경으로는 「도마 복음서」 그리고 모든 신약성서의 내용들, 물론 자의적이거나 종교적으로만 해석해선 결코 안 됩니다. 언젠가 준비가 되면 신약성경의 내용이 얼마나 전 인류 모두에게 통합적인 내용인지, 또한 직관과 지혜의 보고인지 알게 될 인류의 시대가 도래할 것입니다.

위대한 붓다의 생애며 불교의 논서들, 경전들 또한 그렇습니다. 특히 대승의 경전들은 특정 종교를 넘어선 인류 보편의 철학이며 수행서이며 가르침이라고 합니다. 오래전 수행자들은 경전을 머리에 이고 다니거나 두루마리로 말아 등짐지고 다니며 밤낮없이 묵상했다고도 하지요.

경전은 일반적인 서적들과 많이 다릅니다. 경전은 자물쇠요, 해석은 열쇠라고 합니다. 8단계 요가를 각자 수준에서 전심으로 행하고 기원하며 날로 인류 보편의 지성을 연마하고 삶을 보다 간결하게 조율하고 확고히 정렬하다 보면 언젠가 가없이 넓고 깊은 요가 경전의 세계로 여러분 또한 초대되리라 저는 분명코 믿습니다.

경전의 세계에 들어서게 되면 다시 고전 요가, 라자 요가, 8단계 요가의 단계단계가 보다 확연히 다르게 다가옵니다. 이제 삶은 뚜렷한 목적을 지닌 어떤 과정이고, 요가에서 말하는 불멸이 이 세상을 오래오래 누린다는 뜻과는 거리가 멀다는 깨달음이 다가옵니다. 당분간 익숙했던 세계와 무수히 결별할지 모릅니다. 익숙하고 편한 관계와 습관 들이 산산조각 깨어져 나가기도 합니다. 각자 기질과 운명에 따라 자신의 모든 것을 부정하는 파괴적이고 급진적인 과정을 밟기도 하고 나날의 정화 과정 속에 고요히 자신의 삶이 재정렬되기도 합니다. 이 모두가 각자 의식 진화의 정도와 인연의 길에 따라 다 다르게 전개되는 과정이지요.

경전의 힘은 그 경전이 말하는 바, 생각의 입자들이 모두 에너지를 내뿜고 각자 존재를 구성하던 오랜 생각의 입자들과 교환되는 과정을 담지합니다. 쉽게 말해 '인간은 생각하는 그대로이다', '당신의 신체는 당신의 역사이다', '오늘 당신이 먹은 음식을 말해 달라. 당신을 읽을 수 있을 것이다'와 유사한 비유입니다.

　요가에서 '에너지는 생각을 따른다'고 하였습니다. 요가의 경전으로 바른 견해를 세우고, 요가의 계율로써 나날의 삶을 재정비하면 이윽고 본격적인 명상의 입구에 도달한 것입니다. 그리고 그 과정엔 몇 생, 아니 수만 년, 수십 수백만 년의 과정이 기다리고 있었을 겁니다.

고전 요가의
명상

명상을 책으로 배울 수는 없습니다. 특히 고전 요가의 명상은 안내자와 동료 없이 하게 되면 안전하지 않고 성과도 별로 없습니다. 다만 여기서는 다른 명상들과 확연히 구별되는 고전 요가의 명상에 있어 특기할 점을 몇 가지 안내하고 맺도록 하겠습니다.

요가 명상의 목표는 '분리된 합일'입니다. 오래도록 익숙한 세계와의 분리, 책 서두에 나온 '거꾸로 거슬러 오르기' '전복의 삶'에 이어지는 내용입니다. 그런 분리와 정화 없는 영적 합일은 잡초 가득한 정원에 무작

위로 비료를 뿌려 대는 일에 흔히 비유됩니다.

"하지만 분명 대지를 적시는 비는 천지간에 평등하게 내리는데요? 말씀하신 대로라면 신성함이 없는 존재란 없는 것 아닐까요?" 많이 받은 질문입니다. 맞습니다. 모든 존재 안에는 영원불멸 일체지의 신성한 씨앗이 잠재되어 있습니다. 하지만 쿨쿨 자고 있습니다. 아직 드러나진 않았습니다. 드러나기 위해선 먼저 제거되어야 할 것이 있습니다. 그것이 정화와 분리의 과정인 수행입니다.

대표적으로 불가에서의 탐진치 삼독의 소거입니다. 요가에서 계율의 준수를 통한 에너지의 원활한 순화와 순환입니다. 딱딱해져 생명력을 잃어버린 껍질을 벗기는 일입니다. 그것이 점차 소멸해 가는 달의 원리와 바야흐로 창조 중인 해의 원리를 분별하는 요가의 핵심적인 상징이자 실제의 과정입니다. 달의 원리는 물질, 해의 원리는 영혼, 물질은 이미 인류에게 드러난 원리, 영혼은 앞으로 인류에게 드러날 원리 정도로 여기선 이해하고 넘어가지요.

이 과정은 현대 명상에서 주로 탈동일시와 동일시 과정으로 해설됩니다. 이미 완성된 물질적 육체와의 탈동일시, 앞으로 완성될 미세한 의식체인 영혼과의 동일시 과정이 고전 요가의 핵심적 명상입니다.

앞서 말한 야마, 니야마, 아사나, 프라나야마, 프라티하라의 5단계 훈련을 여러 해 동안 지극히 하고 나면 비로소 단계에 따라 본격적인 심층 명상인 라자 요가의 명상이 시작됩니다.

6단계 다라나(집중), 7단계 드야나(명상), 8단계 사마디(관조)입니다. 셋을 모아 '삼야마'라고 합니다.

이 본격적인 명상의 과정은 여러 해 동안의 경전 공부와 삶 속에서 자비와 봉사, 정진의 과정이 수반된 연후 실행되어야 합니다. 또한 개인의 수련이라기보다는 일정 정도 그룹의 명상이라야 의미가 있습니다. 단순히 책으로 기법을 익히는 것은 아무 의미가 없습니다. 다만 지난 세월, 저와 함께한 여러 요기들의 명상 경험들을 과정에 따라 순차적으로 소개합니다. 가볍게 참고하시면 다소나마 간접적인 도움이 될 것입니다.

6단계 다라나는 집중입니다.

1-1. 11초 동안 변함없이 한 생각에 머무는 훈련을 반복합니다.

1-2. 삶 속에서 단순함과 소박함을 실천하여 삶 전체의 집중력을 높이도록 합니다.

1-3. 집중을 돕는 그림, 초, 음악, 향 등을 사용할 수 있습니다.

2. 집중이 어려울 때 자연스런 호흡을 역시 자연스럽게 주시합니다.

3. 집중 지점을 아예 설정하여 집중을 시작합니다. 이때 '나다'라고 부르는 소리에 집중을 합니다. 어떤 소리인지, 어떻게 소리에 집중하는지는 안내자의 도움이 필요합니다.

4. 집중을 하다 보면 서서히 심신의 이완이 일어납니다.

5. 이완이 일어나면 두 가지 상태가 주기적으로 반복되거나 한 가지 상태에 빠져듭니다. 하나는 에너지적으로 타마스, 즉 졸리거나 멍한 상태입니다. 다른 하나는 에너지적으로 라자스, 즉 들뜨거나 흥분되어

많은 생각과 감정 속으로 들어간 상태입니다. 대개 한 가지 상태에 빠져들게 됩니다.

6. 명상이 익숙해지면 두 가지 상태를 오가는 것으로도 겉보기엔 고요히 꽤 오랜 시간을 편안히 보내게 됩니다.

7. 어느 날, 자신이 타마스와 라자스를 오가는 것을 퍼뜩 자각하게 되면 비로소 기초적인 관찰의 과정이 시작됩니다.

8. 관찰하는 자신을 다른 자신이 대상화하여 바라보기 시작합니다. 자신이 명상하고 있는 모습을 시각화하기도 하고 상념을 일으키는 주제들을 묵묵히 바라보기도 합니다.

9. 이 과정이 익숙해져서 서서히 멀어지면서 모든 것이 의식 아래로 가라앉으면 다시 두 번째 단계의 집중을 시작합니다.

10. 한결같은 집중이 유지되면 유지되는 그 상태와 대상을 두고 다시 두 번째 관찰을 시작합니다.

11. 모든 관찰되는 대상에 의식적으로 점점 거리를 둡니다. 적극적인 탈동일시 과정이라 할 수 있습니다. 아니다, 아니다, 아니다를 무수히 되뇝니다. 밀어내고 지워 내고 비우는 과정이 한결같이 일어납니다.

12. 내면에 불쑥 일어나거나 서서 돌아다니던 것, 흐르던 것, 가라앉던 것, '아니다'를 되뇌는 속에서 손쉽게 앉기만 하면 완전히 물러나기 시작합니다.

13. 갑자기 모든 대상이 고요해지고 막막한 상태가 유지됩니다.

14. 갑자기 불쑥 저 깊은 심층에서 올라와 고요함 속을 끼어드는 장애

물이 있습니다. 거친 차원에서는 다리가 저리기도 합니다. 그럴 땐 다리를 움직이며 조용히 해결하고 신체를 다시 잊도록 시도합니다. 다시 또 신체 감각이 의식으로 들어옵니다. 바라보는 것으로 해결하기도 하고 직접 다리를 움직여 해결하기도 합니다. 이런 식으로 감정이 분출하기도 하고 해묵은 기억과 상념 들이 강하게 돌진해 오기도 합니다. 모두 해결하다 보면 완전히 다시 처음으로 되돌아가는 듯한 자괴감이 찾아옵니다. 하지만 그러는 동안 오랜 시간이 흘렀고 명상이 점점 익숙해진다고 스스로 위로합니다.

15. 자괴감으로 너무 힘들거나 두려우면 만트라들을 반복적으로 의지합니다. 나다에 집중합니다. 호흡에 집중합니다. 다시 사라지고 바라보고 사라지고 바라보고 고요해지는 과정을 1년 이상 정해진 시간에 15분 동안 내내 유지해 봅니다. 점점 명상에 재미가 붙게 됩니다.

16. 어느 날, 갑자기 막막한 어둠 속에 오래 머물게 됩니다. 다시 만트라로 추스릅니다. 평소 경전을 자주 학습하고 암송하는 습관이 무척 도움이 됩니다.

17. 잠시 모든 것이 끊기고 뭔가 뚜렷해질 때 다시 긴장해야 합니다. 자신이 만든 형상인지 오래된 업의 형상인지 구별하려면 제거하고 제거하고 또 제거합니다.

18. 어느덧 시간과 공간이 사라질 만큼 집중이 강력해집니다. 드디어 시간의 제약에서 요기는 빠져나왔습니다.

19. 무한의 감각 속에서 다시 현실로 돌아왔다가 다시 무한의 감각 속

에 머물다가 드디어 선명하게 막간이 시작됩니다. 현재 의식과 여타의 의식이 비로소 구별됩니다. 이제는 어떤 호흡도 시각화도 안전해지는 단계입니다.

20. 마음에 늘 그리던 고급의 대상을 적극적으로 심상화합니다. 붓다, 그리스도, 십자가, 만다라 등 뭐든 좋습니다. 하지만 구체적인 형상이 떠오르면 해체하고 또 해체합니다. 추상적인 대상만이 남아 언어가 사라질 때까지, 모국어가 해체될 때까지 형상을 해체합니다. 다시 막간은 길어지고 막간의 느낌은 형언하기 힘들어집니다.

21. 어느 한 순간 작은 빛이 점점 커집니다. 눈이 부십니다. 눈앞이 태양이 뜬 것처럼 환해집니다. 몸이 와들와들 떨리기도 합니다. 잠시 몸이 분리되어 어디론가 날아갈 것 같습니다. 의식은 별처럼 빛나고 명징합니다. 이 의식은 꿈과 잠과 일상과 죽음의 경계에서도 얇은 막이나 칸막이와 같은 경계로 나뉠 뿐 이어질 것 같습니다. 시공이 의식되지도, 피로하지도 않고 홀로라는 느낌도 어떤 자각도 개인적인 경험으로 표현할 수 없습니다. 하지만 미친 것도 아니고, 세상을 떠난 것도 아니고, 일상을 인식하지 못하는 것도 아닙니다. 다만 이제 내가 알던 육체는 남들은 그대로라 인지할지 모르나 각자의 내면 의식은 분명히 알게 됩니다. 이제 나는 재구성된 육체라는 것, 새로운 그릇이 조금씩 만들어지고 있다는 것, 하지만 고립된 결정체로서 육체는 아니라는 것, 무한히 확장되는 의식체로서 육체라는 것, 그리고 더 이상 홀로 존재하지 않는 빛의 일부로서 존재한다는 것, 예

전의 나는 이미 사라지고 없다는 것을 알게 됩니다. 순간 기쁨이 찾아옵니다. 환희심이 듭니다. 무한한 해방감이 찾아옵니다. '이게 다인가?' 하는 순간, 모든 것은 사라집니다.

이때, 깨달음에 대한 열 가지 착각을 정리한 자료를 떠올려 보면 유익합니다.

1. 밝은 빛의 환영
2. 황홀한 느낌
3. 평온함
4. 더 큰 존재(부처, 그리스도, 대스승 등)에 완전히 귀의한 느낌
5. 에너지가 증가된 느낌
6. 지극한 행복감
7. 사물이 변하는 것을 빠르고 명쾌하게 아는 것
8. 모든 상황에 태연함
9. 마음이 충만해지는 강렬한 자각
10. 내면의 경험에 집착

22. 그때 불현듯 이런 생각을 하는 나, 적극적으로 이 모든 과정을 주관하는 나, 지켜보는 나, 판단하는 나는 누구인가? 그리고 나면 다시 앞서 모든 과정이 처음부터 반복됩니다. 하지만 속도가 빨라집니다. 전보다 훨씬 빨리 이륙하게 됩니다. 장애들도 순식간에 사라집니다.

일상 중에도 수시로 명상이 가능해집니다. 그리고 알게 됩니다. 매 과정마다 아는 자, 생각하는 자, 지켜보는 자가 함께 있었음을. 나를 바라보는 나, 진짜의 나를 선명히 자각하게 됩니다. 다시 일상으로 돌아옵니다. 그리고 반복된 일상이 시작됩니다. 하지만 이제 모든 반복은 더 이상 동일한 반복이 아니게 됩니다. 어제의 나와 오늘의 나는 더 이상 같지 않습니다. 육체가 새로워진 것 같습니다. 동시에 하늘 아래 새 것 없음 또한 성립합니다. 면도날의 가장자리를 걷는 기분입니다. 아슬아슬하면서도 짜릿합니다. 명상이 즐겁고 기다려집니다.

이때, 제임스 엘런이 『운명의 주인』에서 몽상과 명상을 구별해 놓은 것을 떠올려 보면 유익합니다.

몽상의 조짐

1. 노력을 피하려는 욕망

2. 꿈꾸는 즐거움을 경험하려는 욕망

3. 세속의 의무들을 점점 더 싫어하는 것

4. 세속의 책임들을 피하고 싶은 욕망

5. 결과들을 두려워하는 것

6. 최소한의 노력을 들여서 돈을 벌고자 하는 소망

7. 자기 조절의 부족

명상의 조짐

1. 육체적 정신적 에너지의 증가

2. 지혜를 얻고자 하는 불굴의 정진

3. 의무를 수행하는 데 짜증스러움이 줄어듦

4. 세속의 책임들을 충실하게 수행하고자 하는 굳은 결의

5. 두려움으로부터 자유

6. 부에 대한 무관심

7. 자기 조절 가능

끝으로 모든 요가는 결국 하나이며 동시대에 전개되는 많은 요가들은 결국 다 다른 순례자의 개인적 발전 상황에 맞춰 훈련되고 있음을 아래 한 편의 아름다운 요가의 시편으로 대신 마무리하려 합니다. 또한 앞으로 다가올 새 시대의 요가를 아래 명기함으로써 영원한 것은 아무것도 없으며 지상에 현현하는 모든 것들은 다 상대적이고 일시적인 수행의 길, 잠정적 진리의 표현이라는 것을 강조 드립니다. 하지만 그럼에도 불구하고 요가, 그 내면을 흐르는 하나의 정신, 일상의 무력함에서 깨어나 스스로 죽음과 재탄생과 입문이라는 사다리를 주체적으로 영원히 오르내리는 자기실현의 길이자 분리된 합일이라는 요가의 본질은 영원하리라는 것을 끝으로 말씀드리며 이만 긴 글을 맺습니다.

우주적 지혜를 얻는 놀라운 다리,

요가는 모든 시대를 관통하여 항상 존재했습니다.

모든 가르침은 각 진화의 단계마다

적절한 그들 자신만의 요가를 형성해 왔습니다.

모든 요가들은 서로 모순되는 것이 아닙니다.

마치 한 나무의 가지들처럼 열기에 지친 나그네들에게

각기 맞춤한 가지의 그늘을 드리워 주고

이로써 생기를 북돋우는 역할을 합니다.

다양한 요가를 통해 나그네는 다시 힘을 얻고

자신이 가야 할 길을 계속 나아갑니다.

그는 자신의 것이 아니면 취하지 않으며

분투의 길을 우회하지도 않습니다.

그는 온 우주의 사랑과 자비를 품에 안습니다.

운명의 속박을 벗어던집니다.

그는 자기 운명의 주인이 됩니다.

무엇보다 우리는 인생의 충고에 귀를 기울일 필요가 있습니다.

일단은 삶에 적응할 필요가 있습니다.

그런 다음 우리는 다가오는 시대,

다가오는 요가의 이름을 세상에 알려야만 합니다.

우리는 불처럼 지혜로운 존재들이 전진하는 발소리를

들어야만 합니다.

불꽃의 파장에 익숙해질 준비가 되어야만 합니다.

그러므로 우리는 라자 요가를 과거의 요가라 할 것입니다.

그리고 미래에 다가올 요가를 불꽃의 요가,

아그니 요가*라 선언합니다. ─ 헬레나 이바노브나 로예리치

---

* **아그니 요가:** 불의 신의 요가. 지금 대중에게 알려진 육체적 호흡의 불을 의미하는 아그니 요가와는 아무 관계가 없다. 미래의 언젠가 다가올 아그니 요가는 거친 몸을 벗고 완전한 에너지체로 하는 요가이며 최고 지성의 요가를 이른다. 옴과 차크라의 신비를 지성적으로 온전히 이해하며 훈련될 요가라 전해진다.

감사의 글

긴 과정, 인내하고 기다려 준 충실한 독자, 나무를 심는 사람들의 이수미 대표에게 감사와 미안함을 전합니다. 세상의 모든 상투적인 수상 소감을 비로소 처음 이해하게 되는 순간입니다.

처음 요가의 세계로 이끌어 준 하자작업장학교, 요가프로젝트 고(故) 하짱, 저의 첫 요가 선생님에게 감사드립니다. 그 장을 마련해 준 조한혜정 교수님에게도 고맙습니다. 이프에 요가 에세이를 처음 연재하도록 지원해 준 웹진 이프토피아, 참선 요가의 정경 스님 비디오에도, 서울불교대학원대학교의 조옥경 교수님 및 여러 교수님들께도, 누구보다 오래전 내면의 길로 저를 안내한 제 마음속 영원한 엄마 원형 박미라 박사, 또 다른 엄마 원형 박혜경 보살, 때로 아빠처럼, 엄한 선생님처럼 영원의 지혜와 함께 진정한 마음의 힘을 길러 주시는 직메 정국진 선생님, 도반 레이 님, 라자 요가의 집에서 온생학교, 마나스스쿨, 모든 지난 과정을 정신없이 진화하는 동안 불만 없이 지지하며 묵묵히 함께해 준 모든 요가의 친구들. 이 책은 그 친구들을 대표하여 제가 썼을 뿐입니다. 믿음직한 영주, 산드야, 다이아나, 맑음, 나무, 풍경, 뚝딱이, 숲, 서현, 아리, 진영, 효정, 앤지, 복태와 한군, 새롬, 세연, 까루나, 도로시, 비누와 마루, 비타와 까치, 비바, 진주, 보코, 채영, 라야와 해심, 재승, 장원장님, 아람, 주성, 단비, 지민, 달래, 현정, 예림 등 정말 고맙습니다. 마나스스쿨을 든든하게 지탱해 주시는 여명님, 승진, 윤희, 주희, 인디, 주형, 애리 모두모두 감사드립니다.

도봉숲속마을의 지원과 지지에도 감사드립니다. 최근 저의 모든 요가 실험과 연구 이면에 함께한 도봉의 가족들이 있었습니다. 50$^+$ 중부 캠퍼스의 친구들 또한 잊을 수 없습니다. 길, 샤인, 썬, 은하수, 소리, 오늘, 제민, 유연, 제이, 미소, 문혜란샘, 미영샘, 조실장님, 관장님, 모두 고맙습니다. 공공요가의 상상을 도와주고 계십니다.

어리석은 제게 라자 요가의 길을 처음 안내해 준 네덜란드에서 온 백인 남자 론 사부님, 여의도 매직폰드스쿨의 여러 도반들, 길에서 만난 무수한 요기, 요기니 들께 진심으로 허리 숙여 깊은 감사 올립니다. 저에게 모두가 스승이셨고 모두가 도반이셨습니다. 서울불교대학원에서 만난 요가의 진정한 왕인순 박사 초롱이, 역시 요가의 양희연 박사 요기따, 대리외상에 대한 지혜를 나눠 주신 이미혜 꾸박사, 애니어그램 체험의 선물을 주신 주혜명 효륜 박사님 들과의 시간도 결코 잊을 수 없는 추억입니다.

일찍이 많은 가족들을 저버렸고, 그들도 저를 잊었다고 여기지만 실은 보이지 않는 내면의 끈은 늘 이어져 단단히 흐르고 있습니다. 그들의 깊은 사랑에 감사하고 무심한 저에 대한 멀리서의 축복에도 고맙습니다. 저 또한 자주 기도 올리며 기억합니다. 항상 행복하고 건강하세요!

어려울 때마다 기쁠 때마다 두 명의 친구가 떠오릅니다. 묵은 먼지 대청소 잘 하고 있는지 궁금하네요. 오랜 친구 임 기자, 텃밭 친구이자 진실한 에코이스트 친구, 늘 저를 가르쳐 주는 오랜 동무 유이, 사랑합니다. 끝으로, 하필이면 어린 영혼의 소유자를 엄마로 만나 심신이 고달팠던 아들 윤여혁 군에게 깊은 감사와 함께 본격적인 내면의 길로 초대하고자 이 책을 헌정합니다.

2017년 11월 시원(이숙인) 씀

1 반달 자세

2 전사 자세

3 나무 자세

4 독수리 자세

5 삼각 자세

6 엄지발가락 잡기 자세

7 돌고래 자세

8 고양이 자세

9 고양이 자세에서 균형 잡기

10 낙타 자세

11 엄지발가락 쥐기 자세

12 비둘기 자세

13 나비 자세

14 박쥐 자세

15 영웅 자세

16 요가 교사 자세

17 뱀 자세

18 활 자세

19 큰 뱀 자세

20 어깨 서기

21 연꽃 자세. 이제부터 호흡과 명상을 시작합니다.

부록: 초보자를 위한 하루 40분 요가 자세

요가 에세이

초판 1쇄 발행 2017년 11월 15일
초판 2쇄 발행 2018년 11월 15일

지은이 이숙인
펴낸이 이수미
편집 김연희
북디자인 이석운, 김미연
일러스트 황진주
마케팅 김영란
출력 국제피알
종이 세종페이퍼
인쇄 두성피엔엘
유통 신영북스

펴낸곳 나무를 심는 사람들
출판신고 2013년 1월 7일 제2013-000004호
주소 서울시 마포구 양화로 156 엘지팰리스 1509호
전화 02-3141-2233 팩스 02-3141-2257
이메일 nasimsabooks@naver.com
블로그 blog.naver.com/nasimsabooks

ISBN 979-11-86361-53-5 03100

115쪽의 '영혼을 위한 만트라', 181쪽의 '대기원문'은 lucistrust.org의 Books & publications에 수록된 앨리스 베일리 저술 원문을 정국진이 번역해 자신의 블로그 '직메의 서재'에 올린 것을 인용했음을 밝혀 드립니다.